CRISTO EL SANADOR

CRISTO EL SANADOR

Traducido por: Julie Ramírez
con la cooperación de: Mercedes García

F. F. BOSWORTH

Libros Desafío
Santafé de Bogotá, Colombia

Versiones de la Biblia utilizadas en esta traducción:

I. La Santa Biblia, Antiguo y Nuevo Testamento

   Antigua Versión de Casiodoro de Reina (1569)
   Revisada por Cipriano de Valera (1602)
   Otras Revisiones: 1862, 1909 y 1960
   Revisión de 1960

II. Biblia Anotada de Scofield
    La Santa Biblia, Antiguo y Nuevo Testamento

   Antigua Versión de Casiodoro de Reina (1569)
   Revisada por Cipriano de Valera (1602)
   Otras Revisiones: 1862, 1909 y 1960
   Revisión de 1960

© 1985 por R.V. Bosworth

Todos los derechos reservados bajo la Ley Internacional de Derechos. El texto y/o la carátula no pueden ser reproducidos en ninguna forma, ni puede ser grabado, ni guardado en sistema electrónico, sin permiso solicitado por escrito al Publicador.

Esta edición en español está publicado por Libros Desafío, Apartado 27520, Santafé de Bogotá, Colombia, bajo un arreglo especial con R.V. Bosworth.

ISBN 958-9269-15-X

IMPRESO EN COLOMBIA
BUENA SEMILLA
Apartado 29724
Bogotá, Colombia

CONTENIDO

CAPITULO *PAGINA*

Introducción 7
Prefacio del Autor 9
Prólogo 11

I - Para los que Necesitan Sanidad 15
II - ¿Nos Redimió Cristo de Nuestras Enfermedades en Su Sacrificio por Nuestros Pecados? 23
III - Sanidad Para Todos 45
IV - La Compasión de Dios 62
V - Cómo Apropiarse del Pacto y la Bendición en la Redención de la Sanidad del Cuerpo 75
VI - Apropiándose de la Fe 95
VII - Cómo Recibir Sanidad 101
VIII - Cómo Obtener Respuesta a Sus Oraciones . 114
IX - La Fe que se Apodera 118
X - Nuestra Confesión 124
XI - La Plenitud de la Vida de Dios, El Secreto para la Victoria 133
XII - El Jardín de Dios 138
XIII - Por qué Algunos no Reciben Sanidad de Parte de Cristo 145
XIV - El Aguijón de Pablo 168
XV - Treinta y Una Preguntas 183
XVI - Testimonios 188

INTRODUCCION

Cuando publiqué la primera edición popular de este libro, no me imaginé que iba a causar tanto interés. Después que la nube de escepticismo creada por los métodos mercenarios de "sanadores por fe" se había apaciguado, surgió un hambre profunda por las verdades sanas y bíblicas, presentadas por la irrefutable Palabra de Dios, en los corazones de muchos cristianos sinceros.

Muchos hombres de Dios están conscientes de que la Reforma nunca se ha completado; que Dios parece obrar sistemáticamente hacia un regreso a la fe y a la sencillez del Nuevo Testamento para hacer callar de una vez para siempre la excusa del hombre, por su ignorancia del mensaje de Dios. El cristianismo fundamental ha sufrido gran daño debido a los esfuerzos de algunos teólogos que excusan su propia impotencia, relegando todo lo sobrenatural a un período de transición imaginario de la verdad dispensacional, la cual no puede ser probada a través de la Escritura. Solamente puede ser justificada a través de su propia interpretación usando pasajes aislados, y ejecutadas a través del ciego tradicionalismo similar al que Cristo confrontó. Sin embargo, en lo profundo de los corazones de hombres sinceros, existe el anhelo de rescatar el Libro de los Hechos de la tendencia a convertirse en nada más que una narración histórica y colocarlo en el lugar que le pertenece como modelo para la Iglesia moderna, donde Dios continúe confirmando su Palabra y dando prueba de la resurrección de su Hijo en este tiempo de incredulidad universal.

Cuando las primeras verdades sencillas concernientes a la actitud de Dios hacia la enfermedad y el sufrimiento humano se le revelaron a mi padre, como resultado del estudio intensivo de las Escrituras, fue como una luz brillante en una obscuridad tradicional. No solamente Dios le dio entendimiento para comprender la Escritura, sino que confirmó Su Palabra a través del ministerio personal de mi padre. Dios sanó a aquellos que habían sido desahuciados por la ciencia médica y produjo integridad y santidad en sus vidas, lo cual no puede atribuirse al diablo o al hombre. Estoy seguro que mi padre no sabía que la verdad que había recibido, estaba 50 años más adelantada que su época; y solamente después de haber sido probada en su propia vida y ministerio, ésta pudo usarse como una de las mayores contribuciones en el proceso reformador de Dios, para devolverle una vez más a Su Iglesia, el poder sobrenatural.

A pesar de que la ciencia médica ha avanzado grandemente en sus esfuerzos por aliviar el sufrimiento humano, el ritmo acelerado de nuestra sociedad moderna continúa afectando el cuerpo humano, produciendo enfermedades las cuales no pueden ser aliviadas por el hombre. La demanda por más médicos, hospitales, camas y remedios aumenta continuamente y la circulación de nuevas drogas y medicamentos ha creado nuevos problemas. La explosión demográfica ha sido causa de múltiples problemas de pobreza, desnutrición y epidemias, que sólo han hecho más grande la necesidad de promulgar el mensaje de que el hombre necesita un Dios Sanador. ¡Oh, cómo la naturaleza paternal de Dios estará anhelando a que el hombre vuelva a la seguridad y a la sencillez de la fe de una comunión pura con El, aceptando Su Palabra como un hecho verídico, en la cual se puede confiar completamente!

Es precisamente en este contexto de la necesidad humana, que el valioso mensaje de este libro brilla como un faro que alumbra en un mundo sin fe. Básicamente, la Iglesia tiene solamente un mensaje: Que en todas las cosas, podemos confiar que nuestro Padre Celestial, honrará Su Palabra. Además del mensaje de Sanidad Divina, este libro presenta claramente los principios de la fe, de tal forma que cada cristiano puede descubrir y poseer, a través de los beneficios del Calvario, todo lo que Adán perdió. Es para hombres hambrientos y necesitados en todo el mundo, que presentamos esta nueva edición de "CRISTO EL SANADOR".

R.V. Bosworth
1973

PREFACIO DEL AUTOR

Cuando en el año 1924 escribimos los primeros mensajes para la primera edición de este libro, no nos imaginábamos que las verdades presentadas aquí iban a ser una bendición para un número tan grande de personas, en tan distintas partes del mundo. Los resultados, a través de los años, han sido la demostración de la verdad de la siguiente declaración inspirada por Dios: de que "El es poderoso para hacer todas las cosas mucho más abundantemente de lo que pedimos o entendemos" (Efesios 3:20).

Durante los cuarenta y cuatro años que han transcurrido a partir de ese entonces, seis ediciones de una extensión mayor, se han impreso y han sido leídas por miles de ministros y laicos, quienes nos han escrito informándonos de cómo han sido iluminados y bendecidos, en alma y cuerpo, por medio de la lectura una y otra vez de estos mensajes.

En este libro hemos tratado de usar un vocabulario sencillo, de modo que todos lo puedan entender; y continuamos recibiendo testimonios de aquellos que han sido verdaderamente convertidos y sanados milagrosamente haciendo uso de su propia fe, la cual se apoderó de ellos a través de la lectura y meditación de las verdades bíblicas que hemos tratado de presentar en forma clara y precisa.

Lo hemos probado miles de veces, y continuamos comprobándolo, que por la simple presentación de la Palabra escrita de Dios a las mentes y corazones de los que sufren enfermedades incurables, éstos pueden experimentar la misma confianza y seguridad con relación a la sanidad de su cuerpo, que la que experimentaron con relación a la sanidad del alma.

Por ésto, no deja de conmovernos el privilegio que tenemos de plantar la "semilla incorruptible" o sea la

Palabra de Dios, en los corazones de aquellos por los cuales Cristo murió. Cuán glorioso es el hecho de que cada uno ha sido "comprado por precio" para ser el jardín del Señor, en el cual su "semilla indestructible": la Palabra, será continuamente plantada, "regada", y cultivada para que produzca maravillas presentes y eternas.

En la "semilla" hay posibilidades mayores que las que el poder de la mente humana pueda concebir; así como en una pequeña semilla, existe en potencia un árbol, un millón de veces más grande que la semilla, todas las grandes obras de Dios están potencialmente en la semilla. Manteniendo el jardín de Dios sembrado, como el agricultor hace en el campo, el creyente puede llevar a cabo obras mucho mayores que las que puedan lograr aquellos hombres poseedores de los mejores talentos, cuando El cumple Sus promesas.

La experiencia nos ha enseñado que los asiduos radioyentes de la "National Radio Revival", la mayoría de los cuales nunca hemos visto y que han leído acerca de la sanidad y otro tipo de literatura que hemos publicado, obtienen un mayor entendimiento, que aquellos que ocasionalmente oyen algún mensaje en nuestras campañas. Debido a que nuestros mensajes impresos pueden ser leídos, releídos y estudiados, hemos comprobado que éstos producen mejores resultados en las almas y cuerpos de aquellos por los cuales hemos orado, que en aquellos que asisten a nuestras reuniones y desean que se ore por ellos sin antes haber oído lo suficiente de la Palabra de Dios, como para que se produzca la fe.

Presentamos este libro después de haber orado fervientemente para que miles de personas más aprendan a apropiarse de las muchas promesas en la Biblia. "Pero deseamos que cada uno de vosotros... sean imitadores de aquellos que por la fe y la paciencia heredan las promesas" (Hebreos 6:11, 12).

F.F. Bosworth

PROLOGO

Estos sermones, los cuales surgieron como fruto de un árduo trabajo y agotamiento, debido a las continuas campañas de avivamiento, fueron publicados primeramente como una respuesta a la urgente demanda por parte de ministros y laicos en las ciudades de Estados Unidos y Canadá donde el Hermano Bosworth había celebrado campañas de avivamiento.

Debido a que cada capítulo originalmente fue un sermón, ciertas verdades fundamentales han sido repetidas en diferentes formas, de modo que sirvieran como fundamento para verdades más profundas. Es nuestra intención que, usando la repetición, el entendimiento del lector se sature de tal forma que pueda deshacerse de las enseñanzas erróneas acumuladas por la falta de fe y el tradicionalismo impotente.

Mi padre no hace alarde de estilo literario alguno, ya que su educación fue limitada. Más bien, por el don recibido de parte de Dios presenta temas profundos y lógicos en forma sencilla. Por esta razón, este libro se ha convertido en uno de los grandes clásicos en el tema de la sanidad divina; y un libro de texto en muchas iglesias, escuelas bíblicas y seminarios.

Reconociendo que la mayor parte de su ministerio tuvo lugar en América del Norte: el Hno. Bosworth, a la edad de 75 años, decidió invertir el resto de sus días compartiendo estas maravillosas verdades en tierras extranjeras, a las cuales se les había ignorado, y fue así como viajó al Africa. El mundo se sorprendería, si pudiera leer el flujo continuo de maravillosos testimonios que han llegado de todas partes del mundo. Mi padre recibió más de 225.000 cartas de radioyentes y amigos, la mayoría de los cuales él nunca conoció.

Las verdades presentadas en este libro, junto con "la oración de fe", han traído sanidad a miles de enfermos, los cuales no se hubieran recuperado sin la ayuda directa del Espíritu Santo. ¡A Dios sea toda la gloria!

Mientras nos regocijamos por estos milagros, estamos conscientes de que son solamente manifestaciones externas de mayores y más preciosos milagros que han ocurrido en la cámara sagrada del hombre interior. Los efectos internos son mucho más preciosos que la obra externa. Los resultados físicos de la oración, son como figuras numéricas en el libro bancario que muestran que se ha depositado oro en el banco. El oro es mucho más valioso que las figuras numéricas.

R.V. Bosworth

CRISTO EL SANADOR

1

PARA LOS QUE NECESITAN SANIDAD

Antes que alguien pueda tener una fe *firme* para recibir sanidad en su cuerpo, tiene que deshacerse de toda duda concerniente a la voluntad de Dios en este asunto. Para apropiarse de la fe no se puede ir más allá de nuestro propio conocimiento de la voluntad revelada de Dios. Antes que intentemos ejercitar nuestra fe para recibir sanidad, necesitamos saber lo que enseñan las Escrituras: Que tanto es la voluntad de Dios sanar el cuerpo como lo es, sanar el alma. Los sermones en este libro señalan y explican aquellas porciones de las Escrituras que una vez para siempre le aclararán este asunto. Es sólo cuando aprendemos que lo que estamos buscando es precisamente lo que Dios promete, que toda duda puede ser quitada y una fe constante se hace una realidad. Cada una de sus promesas es una revelación de lo que Dios está dispuesto a hacer por nosotros. Hasta que no conozcamos cual es la voluntad de Dios, no tendremos nada en qué basar nuestra fe.

Es importante que la mente de aquellos que buscan sanidad sea "renovada" para que pueda estar en armonía con la mente de Dios, tal como se revela en la Biblia y como señalaremos en las páginas siguientes. Fe para apropiarse de las bendiciones prometidas por Dios, es el resultado de conocer y actuar de acuerdo con la Palabra de Dios (Romanos 10:17). La correcta actitud mental o "la mente renovada" (Romanos 12:2) hace posible una fe firme para todos.

Constantemente estamos recibiendo testimonios de aquellos que, después de haber orado por ellos varias veces sin éxito, fueron maravillosamente sanados mientras leían este libro. Muchos otros también han sido felizmente convertidos leyendo estas instrucciones.

El mundo se sorprendería si pudiera leer los maravillosos testimonios que de continuo nos llegan de todas partes del país. Durante los últimos años, hemos recibido más de 225,000 cartas de radioyentes y amigos, la mayoría de los cuales ni siquiera conocemos personalmente.

Las verdades presentadas en este libro, junto a la "oración de fe", han traído sanidad a miles de enfermos los cuales no se hubieran recuperado sin la ayuda directa del Espíritu Santo. ¡A Dios sea la gloria!

Mientras nos regocijamos por estos milagros, somos concientes que solamente son manifestaciones externas de mayores y más preciosos milagros que han ocurrido en la cámara sagrada del hombre interior. La *causa interna* es mucho más preciosa que la *obra externa*. Los resultados físicos de la oración son como figuras numéricas en un libro bancario que muestran que se ha depositado oro en el banco; y el oro es mucho más valioso que las figuras numéricas.

"La Palabra es la Semilla"

Jesús dijo: "La Palabra es la Semilla". Es la semilla de la vida divina. Hasta que la persona que busca sanidad no esté *segura* por la Palabra de Dios, que es la voluntad de Dios *sanarla*, la misma estará tratando de cosechar donde ninguna semilla ha sido sembrada. Sería imposible para un agricultor tener fe en la siega sin antes haberse asegurado que la semilla ha sido sembrada.

No es la voluntad de Dios el que se dé una cosecha sin que antes la semilla haya sido sembrada, o sea sin que se conozca o se actúe de acuerdo a su voluntad. Jesús dijo: "*Y conoceréis la verdad*, y la *verdad* os hará libres". *Ser libres de toda enfermedad viene como consecuencia de conocer la verdad.* Dios no hace nada sin Su Palabra. "Envió su Palabra y los sanó", son las palabras del Espíritu Santo (Salmo 107:20). "Toda su obra es fielmente hecha", de acuerdo con Sus promesas.

La semilla que debe ser sembrada en la mente y en el corazón de cada persona enferma, es *conocer* que la voluntad de Dios es sanarla. Esta semilla no puede ser *sembrada* sin que antes se conozca, se reciba y se confíe en ella. Ningún pecador puede convertirse en cristiano sin antes conocer que la voluntad de Dios es salvarlo. Es la Palabra de **Dios** plantada, regada y en la que firmemente se confía, la que puede sanar tanto al alma como al cuerpo. La "semilla" tiene que ser plantada y regada, antes que pueda producir su cosecha.

Para que alguno pueda decir: "Yo creo que el Señor puede sanarme", antes de aprender por medio de la Palabra de Dios, que El está dispuesto a sanarlo, es como si el agricultor dijera: "Yo creo que Dios puede darme una cosecha sin que haya sembrado y regado la semilla". Dios no puede salvar el alma del hombre antes que el hombre mismo haya *conocido* la voluntad de Dios en cuanto a ésto, porque la salvación es por la fe, ésto es, confiando en la voluntad conocida de Dios. Ser sanado es ser salvo en el sentido físico.

Orar por sanidad usando palabras que destruyen la fe como: "si es tu voluntad", no es plantar sino destruir la "semilla". "La Oración de Fe", la que sana al enfermo, debe *suceder* (no preceder) a la siembra de la "semilla" (la Palabra), única base de la fe.

El Espíritu Santo dice que el *evangelio* "es poder de Dios para salvación", en todo aspecto, tanto físico como espiritual. Y *todo* el evangelio es para "toda criatura" y para "todas las naciones". El evangelio no deja a ningún hombre orando en la incertidumbre "si es tu voluntad", sino que le dice cual *es* la voluntad de Dios. Las palabras del Espíritu Santo: "El mismo llevó nuestras enfermedades" (Mateo 8:17) son ciertamente tan parte del evangelio como sus palabras: "quien llevó él mismo nuestros *pecados* en su cuerpo sobre el madero" (I Pedro 2:24).

Ni el aspecto espiritual ni el aspecto físico del evangelio son para ser aplicados solamente por medio de la oración. La semilla es impotente hasta que no se haya sembrado. Muchos, en vez de decir: "ore por mí", deben primero decir: "enséñame la Palabra de Dios para que yo pueda cooperar inteligentemente en mi recuperación". Tenemos que conocer cuáles son los beneficios del Calvario antes que nos podamos apropiar de ellos, por la fe. David declara: "El es quien *perdona* todas tus iniquidades, el que *sana* todas tus dolencias".

Después de haber sido suficientemente instruidos (iluminados), nuestra actitud hacia la *enfermedad* debe ser la misma que tenemos hacia el pecado. Nuestra determinación de recibir sanidad para nuestros *cuerpos* debe ser tan definida como la de recibir sanidad para nuestras *almas*. No debemos ignorar ninguna parte del evangelio. Nuestro Substituto llevó tanto nuestros pecados como nuestras enfermedades para que pudiéramos liberarnos de ellos. Este hecho es seguramente una razón valedera para confiarle a El, *ahora*, nuestra doble liberación. Cuando en oración, de una manera definitiva le pedimos a Dios perdón por nuestros *pecados*, creemos por la autoridad de Su Palabra, que nuestra oración ha sido escuchada. Tenemos que hacer ésto mismo cuando oramos por sanidad.

Primero, debemos tener suficiente conocimiento (iluminación) acerca de las promesas de Dios. Segundo, como lo ordenó Jesús en Marcos 11:24, creemos que nuestra oración ha sido escuchada aun antes de recibir la respuesta. Tercero, si acatamos lo que se ha escrito en Hebreos 10:35, 36: "No perdáis, pues, vuestra confianza, que tiene grande galardón; porque os es necesaria la paciencia, para que habiendo hecho la voluntad de Dios, obtengáis la promesa"; podremos obtener cualquiera de las promesas divinas. Hebreos 6:11, 12 dice: "Pero deseamos que cada uno de vosotros muestre la misma solicitud hasta el fin, para plena certeza de la esperanza, a fin de que no os hagáis perezosos, sino imitadores de aquellos que por la fe y la paciencia heredan las promesas". La voluntad de Dios es que cada cristiano pueda obtener el éxito al poner en práctica esta Escritura.

En el tiempo que transcurre desde el momento que de una manera definitiva le encomendamos a Dios la sanidad de nuestro cuerpo y la consumación de la misma, podemos —y debemos— aprender una de las lecciones más valiosas de nuestra vida cristiana. Esta lección es como poner en práctica Hebreos 10:35, 36. Solamente las promesas divinas pueden hacer que nuestra fe sea firme. Cuando Jonás oró por misericordia, él no perdió la fe porque no recibía una prueba visible, que su oración había sido contestada. No, no sólo se mantuvo firme en su fe, sino que añadió a la misma, por adelantado, un sacrificio de alabanza (Jonás 2:9). En Hebreos 13:15 el Espíritu Santo nos ordena que hagamos lo mismo "continuamente".

Las promesas de Dios obran sus maravillas mientras vemos y actuamos según las realidades *eternas:* Sus promesas, Su fidelidad, etc.; y rehusamos ser afectados por las cosas *temporales*. Dios siempre cumple sus promesas siempre y cuando recibe la cooperación apropiada. El siempre nos acepta y se responsabiliza por nosotros cuando observamos (practicamos) su Palabra en Marcos 11:24 y Hebreos 10:35, 36. La promesa de Dios de la que todos nos podemos apropiar es: "Lo saciaré de larga vida, y le mostraré mi salvación" (Salmo 91:16).

Instrucciones Fáciles de Entender

En el capítulo cuatro del libro de los Proverbios, versos del 20 al 22, tenemos instrucciones muy claras de cómo recibir sanidad: "Hijo mío, está atento a mis palabras; inclina tu oído a mis razones. No se aparten de tus ojos; guárdalas en medio de tu corazón, porque son vida a los que las hallan, y medicina a todo su cuerpo".

La Palabra de Dios no puede impartir sanidad sin antes haber sido oída, recibida y practicada. Nótese que las Palabras de Dios son vida solamente para aquellos que las "hallan". Si usted quiere recibir vida y sanidad de parte de Dios, tiene que tomarse su tiempo para buscar en las Escrituras las palabras que prometan estos resultados.

Cuando la Palabra de Dios se haya convertido en medicina para todo su cuerpo, entonces el cáncer, los tumores y toda otra clase de enfermedad desaparecerá. Hemos visto los mismos resultados miles de veces cuando se ha recibido y actuado en la Palabra. Miles de personas, hoy en día, no gozan de buena salud porque no han "hallado" y "practicado" aquella parte de la Palabra de Dios que produce sanidad. Este es el método divino para recibir las bendiciones que Dios ha provisto para nosotros. Muchos no han recibido sanidad porque simplemente no han seguido este método. Dios dice que cuando hacemos lo que dice la Escritura, Sus Palabras se convierten en "medicina para nuestro cuerpo". No importa la clase de enfermedad, Dios dice: "salud para todo el cuerpo". ¿El cuerpo de quiénes? Aquellos que "hallan" y "practican lo que la Palabra de Dios enseña sobre el asunto". Esta es exactamente la misma forma como la Palabra de Dios se convierte en salud para el alma.

No Podemos Mirar a Dos Lugares al Mismo Tiempo

En el pasaje bíblico que leimos anteriormente Dios

nos dice claramente cómo debemos "atender" a Sus Palabras: "No se aparten de tus ojos; guárdalas en medio de tu corazón". En vez de mantener nuestra atención en los síntomas, no permitamos que las Palabras de Dios "se aparten de nuestros ojos". Quiere decir que miremos a la Palabra continuamente y, como Abraham, nos fortalezcamos en la fe considerando las promesas de Dios. Como la semilla tiene que mantenerse en la tierra para que produzca su fruto, así también de la única manera que la "semilla incorruptible" puede "obrar eficazmente" en nosotros es manteniéndola en "nuestros corazones".

Debemos Seguir el Ejemplo de los Agricultores

Si no permitimos que las Palabras de Dios se aparten de nuestros ojos y las mantenemos en nuestros corazones, la semilla ha caído en "buena tierra". La clase de tierra de la cual Jesús dijo que: "produce fruto" y que Pablo añade: "obra eficazmente". Cuando el agricultor siembra la semilla, no cava y la saca todos los días para ver si está creciendo. Sino que se alegra que ya ha sido sembrada y cree que la semilla ya ha comenzado su obra. ¿Por qué no tenemos la misma fe en la "semilla incorruptible", las Palabras de Cristo las cuales El dice son "espíritu y vida", y creemos, sin ver, que han comenzado su obra? ¿Si el agricultor tiene fe en la naturaleza sin obtener una promesa definitiva, por qué el cristiano no puede tener fe en el Dios de la Naturaleza?

El Salmista dijo: "Tu Palabra me ha vivificado". Pablo nos dice que es la *Palabra* la que obra eficazmente en aquellos que creen. Toda Palabra de Dios es "espíritu y es vida" y obrará en nosotros cuando la recibamos y la acatemos. Cuando recibimos y obedecemos la Palabra de Dios, podemos decir con Pablo: "El poder de Dios obra en mí poderosamente". Así que la *Palabra* de Dios se convierte en el *poder* de Dios; es "espíritu y es vida". Si el campo en el cual se ha sembrado la semilla pudiera hablar, diría: "La semilla obra en mí poderosamente".

Tres Aspectos Esenciales

Este pasaje en Proverbios nos enseña el método por el cual podemos obtener resultados de las promesas de Dios, en su Palabra:

1. Tiene que haber un oído atento: "Inclina tu oído a mis razones".
2. Tiene que haber una mirada fija: "Que no se aparten de tus ojos".
3. Tiene que haber un corazón que atesore la Palabra: "Guárdalas en medio de tu corazón".

Cuando nuestros ojos están fijos en los síntomas y nuestra mente se encuentra más ocupada en ellos que en la Palabra de Dios, hemos sembrado la semilla equivocada para la cosecha que deseamos. Hemos sembrado semillas de duda. Estamos tratando de cosechar una clase de fruto habiendo sembrado una semilla diferente. Es imposible sembrar cizaña y recoger trigo. Sus síntomas le pueden hablar de muerte, pero la Palabra de Dios le habla de vida y no podemos mirar en dos direcciones tan opuestas, al mismo tiempo.

¿Qué Clase de Semilla Tiene Usted?

¿Qué clase de semilla ha sembrado usted? "No dejes que las Palabras de Dios se aparten de tus ojos, guárdalas en medio de tu corazón". Esto es mantener una mirada firme y constante a la evidencia que Dios provee para nuestra fe. Dios les dice a todos los que sufren enfermedades incurables: "todo el que mirare vivirá". La palabra "mirare" se refiere siempre al presente. No quiere decir una simple ojeada, sino que dice "no dejes que sus Palabras se aparten de tus ojos; guárdalas en medio de tu corazón".

Evidencia de las Cosas que no se Ven

Después de haber sembrado la semilla, creemos que está creciendo antes de ver el crecimiento. Esta es la fe que es "la evidencia de las cosas que no se ven". En Cristo tenemos evidencia perfecta para nuestra fe. Cualquier hombre o mujer puede deshacerse de sus dudas mirando única y fijamente a la evidencia que Dios nos ha dado para nuestra fe. Cuando miramos solamente a lo que Dios dice, nuestra fe se aumenta y produce frutos. Esto hará más fácil que creamos a que dudemos, porque las evidencias de la fe son mucho más fuertes, que las de la duda. No dude de su *fe*, dude de sus *dudas* porque éstas no son dignas de confianza.

¡Oh, que bendición es el mirar fijamente a Cristo! Hay vida, libertad, amor, gozo, dirección, entendimiento y salud perfecta. Todo lo encontramos cuando miramos fijamente al Crucificado. Nunca nadie miró en vano al Gran Médico Divino.

Todo aquel que miró a la serpiente de bronce, tipo de Cristo, vivió. "Y sus rostros no fueron avergonzados", dice el Salmista. Humanamente hablando, todos eran incurables; pero fueron perdonados y sanados cuando miraron. El que mira a Cristo no será avergonzado de su confianza. El tiempo y la eternidad justificarán su fe.

Estos estudios les mostrarán a los que necesitan sanidad, la parte de la Palabra de Dios que ellos necesitan recibir y "acatar". Algunos han sido milagrosamente sanados mientras leían el siguiente mensaje de este libro.

2

¿NOS REDIMIO CRISTO DE NUESTRAS ENFERMEDADES EN SU SACRIFICIO POR NUESTROS PECADOS?

Antes de comenzar esta lección, queremos aclarar lo siguiente: si a usted se le ha enseñado a considerar la enfermedad como "un aguijón en la carne" que debe permanecer, es de suma importancia que lea el capítulo 14, acerca de "el aguijón de Pablo", antes de leer cualquier otro capítulo de este libro. De otra forma, no podrá comprender el poder de los principios bíblicos presentados en otras partes del libro.

Le invito a que concentremos nuestra atención en algunas de las verdades enseñadas en las Escrituras, concernientes a este tema, antes de responder a la pregunta que abre este segundo capítulo.

En Romanos 5:12, las Escrituras declaran que: "el pecado entró en el mundo por un hombre, y *por el pecado la muerte*". Claramente vemos que la muerte entró al mundo por el pecado. Entonces queda establecido que la enfermedad, precursora de muerte incipiente, entró al mundo *por el pecado*. Si la enfermedad entró al mundo por el pecado, el remedio para la enfermedad *debe* encontrarse en la redención de Cristo. Puesto que la enfermedad es la opresión del diablo (Hechos 10:38), ¿qué poder puede quitar la enfermedad cuando la naturaleza falla, sino el poder del Hijo de Dios? Cuando la enfermedad ha avanzado tanto que no puede ser curada por el poder natural, producirá muerte a menos que sea quitada por el poder de Dios. Cualquier médico honesto tendrá que admitir ésto, puesto que la ciencia médica confiesa que los médicos solamente pueden ayudar a la naturaleza, no sanar. En este caso cualquier cosa que obstruya el poder de Dios para complementar lo natural hará el restablecimiento imposible. Concerniente a este asunto, Santiago dice: "Confesaos vuestras faltas unos a otros... *para que* seáis sanados", dando a entender que, de otra manera, no se puede ser sanado.

Cuando la enfermedad ha avanzado más allá de lo natural, ni la naturaleza, ni los médicos, ni siquiera la oración pueden salvar al enfermo hasta que no confiese sus pecados (a menos que Dios, en su propósito soberano, quite la enfermedad). Como la enfermedad es parte de la maldición, su verdadero remedio está en la cruz. Por que, ¿quién puede quitar la maldición sino Dios? Y, ¿cómo podrá Dios hacerlo *justamente* sino por la Substitución? Como lo explica un escritor: "la Biblia enseña que la enfermedad es el castigo físico por la iniquidad, mas Cristo llevó en su cuerpo nuestra condición física por causa del pecado. Por esta razón, nuestros cuerpos son liberados judicialmente de la enfermedad. A través de la redención de Cristo todos podemos tener, como parte de "las arras de nuestra herencia", la "vida de Cristo . . . manifestada en nuestros cuerpos mortales", para reforzar nuestra naturaleza hasta que nuestra obra sea terminada. De la misma forma que podemos recibir los "primeros frutos" de nuestra salvación espiritual, también podemos recibir los "primeros frutos" de nuestra salvación física.

¿Nos redimió Cristo de nuestras enfermedades en su sacrificio por nuestros pecados?

Vamos ahora a la pregunta: ¿Nos redimió Cristo de nuestras enfermedades en su sacrificio por nuestros pecados? Si fuera como enseñan algunos, que la sanidad no forma parte de la expiación, ¿por qué se mencionan algunos tipos de expiación con relación s la sanidad física a través del Antiguo Testamento? Y, ¿por qué los israelitas tuvieron que comer la carne del cordero para recibir fortaleza física (Exodo 12), a no ser que solamente hubiera sido para que pudiéramos recibir vida física y fortaleza del Cristo, de quien Pablo dijo: "es nuestra Pascua, sacrificado por nosotros?". Setecientos sesenta y cinco años después de la institución de la Pascua, leemos en II Crónicas 30:20: "Y oyó Jehová a Ezequías, y sanó al pueblo", cuando celebraban la Pascua. Igualmente, en I Corintios 11:30 Pablo habla de cómo los corintios no pudieron "discernir el cuerpo" de "Cristo, nuestra Pascua" y por esta razón muchos estaban enfermos y debilitados.

La Cena del Señor es mucho más que una ordenanza, ya que podemos participar de Cristo cuando participamos de los símbolos de su muerte y de los beneficios que ésta trajo como consecuencia. En Cristo tenemos igualmente tanto vida física como vida espiritual. Ciertamente ahora es el mejor tiempo que tenemos para que aprovechemos el privilegio que "la vida de Cristo . . . se manifieste en nuestra carne mortal" (II Corintios 4:11).

La Sanidad es Enseñada en los Tipos del Antigo Testamento

Una vez más leemos en Levítico 14:18 cómo el sacerdote hace expiación por la sanidad de la lepra. ¿Por qué se hizo expiación por la sanidad de la lepra, si para nosotros la sanidad no está incluída en la expiación de Cristo? Los tipos de Cristo en Levítico 14 y 15 nos muestran invariablemente que la enfermedad era sanada a través de la expiación. Esta es la respuesta a la pregunta que nos hemos estado haciendo. Todas estas típicas expiaciones prefiguran y señalan hacia el Calvario.

En Lucas 4:19 Cristo nos dice que El fue ungido "para predicar el año aceptable del Señor", refiriéndose al Año del Jubileo en el Antiguo Testamento. Esto nos muestra que el Año del Jubileo es un tipo de las bendiciones del evangelio ya que Cristo mismo, aplica el Año del Jubileo a la era del evangelio.

Levíticos 25:9 nos enseña que ninguna bendición del Año del Jubileo era anunciada por el sonido de la trompeta hasta el Día de la Expiación. En este día un buey era sacrificado como ofrenda por el pecado y el Asiento de la Misericordia era rociado con la sangre. Ninguna misericordia era ofrecida hasta que la sangre de la expiación se rociaba en el Trono de Gracia. De no haber sido así, éste hubiera sido un Trono de Juicio. Esto nos enseña que ninguna misericordia o bendición del evangelio se nos es ofrecida, fuera de la expiación de Cristo.

Recuperación de Todo lo Perdido en la Caída

Todo lo que perdimos en la caída, Jesús nos lo devolvió a través de su expiación. Fue en el Día de la Expiación que Dios dijo: "Y volveréis cada uno a vuestra posesión" (Levítico 25:10). El orden en el Año del Jubileo es como sigue: *primero*, la expiación; *segundo*, el sonido de la trompeta del Jubileo con las nuevas de "volveréis cada uno a vuestra posesión". Hoy en día el orden es el mismo: *primero*, el Calvario; *segundo*, el anuncio de trompeta del Evangelio diciendo que "El llevó nuestros pecados y enfermedades" para ser oído por "toda criatura" dándonos a entender que podemos regresar "cada uno a su posesión".

Uno de los siete nombres que se refieren a la redención de Dios, el cual es Jehová-Rafa (Yo Soy tu Dios, Tu Sanador), nos muestra cuáles son las posesiones perdidas a las cuales "cada hombre" puede regresar en nuestra dispensación. Las dos posesiones más importantes que son restauradas durante la era del evangelio son, la salud del alma y del cuerpo. Así que, perdón y sanidad fueron ofrecidos universalmente por Cristo dondequiera que El predicó "el Año Aceptable del Señor". De esta forma el hombre "interior" y "exterior", puede ser sanado y preparado para el servicio de Dios, "enteramente preparado para toda buena obra".

Algunos fundamentalistas que atacan a los científicos cristianos en su creencia que podemos ser salvos sin la necesidad del Calvario, cometen el mismo desatino cuando creen que podemos ser sanados sin acudir al Calvario. Para mí, como para ellos, es un misterio que alguno pueda decir que la sangre de Cristo era tan eficaz mientras fluía en sus venas como lo era cuando fue derramada; en contraste con los sacrificios del Antiguo Testamento que testifican lo contrario y la declaración que "sin derramamiento de sangre no se hace remisión de pecados". Si usted se une a una religión donde no se tiene en cuenta la sangre, sólo encontrará una religión de ideas y nada más que una emoción humana. El "gozo inefable y lleno de gloria" solamente será experimentado por aquellos que han sido salvos por la sangre de Cristo. Es un gran misterio para mí que estos fundamentalistas puedan decir que la sanidad es otorgada sin siquiera hacer referencia a la muerte de Cristo. La Escritura desconoce el hecho que alguna parte del hombre pueda ser salva, sin sacrificio.

Si la sanidad del cuerpo se puede recibir aparte del sacrificio del Calvario, ¿por qué era entonces, que ninguna bendición del Año del Jubileo podía ser anunciada por el sonido de la trompeta sino hasta el Día de la Expiación? Pablo nos dice que es *"En El"* que las promesas de Dios son ¡sí y amén! Esto significa que las promesas de Dios, incluyendo su promesa de sanidad, deben su existencia y poder exclusivamente a la obra redentora de Cristo.

La Sanidad No ha Sido Aplazada Hasta el Milenio

Muchos ministros tratan de postergar la sanidad del cuerpo para el Milenio, mas Cristo dijo: *"hoy"* (no en el Milenio) esta profecía se ha cumplido en vuestros oídos". Fue en la Iglesia (no en el Milenio) que Dios estableció "maestros, milagros, dones de sanidad", etc. Nadie *en la Iglesia* va a necesitar sanidad en el Milenio, ya que ellos recibirán cuerpos glorificados antes del Milenio. Cuando la Iglesia sea "levantada para recibir al Señor en el aire", lo mortal se vestirá de inmortalidad. Si vamos a aplazar la sanidad hasta el Milenio, tendríamos que hacer lo mismo con los "maestros" y los demás, que Dios estableció en la Iglesia con los "dones de sanidad". Decir que la sanidad es solamente para el Milenio, es como decir que estamos en la era del Milenio ya que Dios está sanando a miles de personas en estos días.

La promesa completa de Dios incluye el derramamiento de su Espíritu Santo sobre toda carne en "el Año Aceptable del Señor", el cual es la dispensación del Espíritu Santo. El viene como poder ejecutivo de Cristo, para poner en ejecución en nosotros todas las bendiciones de la redención —las "arras" o "primeros frutos" de nuestra herencia física y espiritual— hasta que el último enemigo, que es la muerte, sea destruído para que así recibamos nuestra herencia completa.

La Fe Viene por el Oír

La razón por la cual muchos enfermos no han sido restaurados físicamente es porque no han oído el "sonido de la trompeta". La "fe viene por el oír", y no han oído porque muchos ministros han puesto a un lado la "trompeta del evangelio" mientras estaban en el seminario teológico. Me recuerdan al hombre que tocaba el trombón en un banda de música. Antes del ensayo, sus compañeros pusieron una espiga en la boquilla del instrumento. Cada vez que el hombre soplaba, el aire chocaba contra la espiga y era casi imposible emitir alguna clase de sonido. Esto continuó durante todo el ensayo sin que el hombre se diera cuenta de lo que estaba sucediendo. Como este hombre, hay muchos predicadores que piensan que están predicando el evangelio verdadero, pero no han descubierto que ni siquiera están predicando la mitad de lo que debieran predicar. Ellos no predican, como predicó Pablo: "todo el consejo de Dios".

Como los tipos en Levítico muestran la sanidad invariablemente a través de la expiación, así también Mateo 8:17 declara que Cristo sanó toda enfermedad basándose en la expiación. La expiación fue la razón por la cual El no hizo ninguna excepción cuando sanaba a los enfermos: "El . . . sanó a todos los enfermos, para que se cumpliese lo que fue dicho por el profeta Isaías: El mismo llevó nuestras enfermedades y sufrió nuestras dolencias". Ya que El llevó nuestras enfermedades y su expiación nos incluye a todos, es necesario que todos seamos sanados para que se cumpla esta profecía. Jesús todavía está sanando a todo el que viene a El con fe viva, "para que se cumpla . . .".

Si en la era obscura de los tipos todos ellos tuvieron el privilegio de ser sanados, seguramente en ésta "mejor" dispensación, con un "mejor" pacto y "mejores" promesas, el Señor no ha olvidado su misericordia del Antiguo Testamento. Si así fuera, seríamos excluidos de tal bendición por la expiación de Cristo.

Números 16:46-50 nos relata cómo, después que la plaga mató a 14,700 israelitas, Aarón, como sacerdote y en su oficio de mediador del pueblo, se paró entre los "muertos" y los vivos e hizo una expiación para que la plaga fuera quitada (la sanidad del cuerpo) así mismo Cristo (nuestro mediador) por su expiación, nos redimió de la "plaga" del pecado y la enfermedad.

El Tipo de la Serpiente de Bronce

Nuevamente, en Números 21:9, leemos cómo los israelitas fueron sanados cuando miraron a la serpiente de bronce que fue levantada como un tipo de la expiación. Si la sanidad no estaba incluida en la expiación, ¿por qué fué necesario que los moribundos mirasen al *tipo* de la expiación para recibir sanidad? Si ellos recibieron perdón y sanidad a través de lo que era solamente un *tipo* de la expiación, ¿por qué no recibiremos nosotros lo mismo a través de Cristo, quien es el mismo antitipo? De la misma forma que su maldición fue quitada al levantar la serpiente, Pablo nos dice que también nuestra maldición es quitada al ser levantado Cristo (Gálatas 3:13).

En Job 33:24, 25 se lee como sigue: "... que halló redención; su carne será más tierna que la del niño, volverá a los días de su juventud". Aquí vemos cómo la carne de Job fue restaurada por la redención. ¿Por qué no la nuestra?

David comienza el Salmo 103 diciéndole a su alma que bendiga al Señor, y que "no olvides ninguno de sus beneficios". Y continúa, "Quien perdona todas tus iniquidades, sana todas tus dolencias". ¿Cómo perdona Dios el pecado? A través del sacrificio de Cristo, sin lugar a dudas. De esta misma forma, sana la enfermedad porque el sacrificio de Cristo es la única base, para cualquier beneficio que la humanidad caída pueda recibir. ¿Cómo podrá Dios salvar al hombre si no es por medio del sacrificio?

En I Corintios 10:11 Pablo nos dice: "Y estas cosas les acontecieron como ejemplo, y están escritas para amonestarnos a nosotros, a quienes han alcanzado los fines de los siglos". El Espíritu Santo nos dice claramente en Gálatas 3:7, 16, 29 que estas cosas son tanto para los gentiles como para Israel. "Sabed, por tanto, que los que son de fe, éstos son hijos de Abraham... Ahora bien, a Abraham fueron hechas las promesas, y a su simiente... Y si vosotros (gentiles) sois de Cristo, ciertamente linaje de Abraham sois, y herederos según la promesa". "Así que ya no sois extranjeros, ni advenedizos, sino conciudadanos de los santos, y miembros de la familia de Dios" (Efesios 2:19).

El Rev. Daniel Bryant, en su libro *"Cristo Entre Nuestros Enfermos"* (Christ Among Our Sick) dice: "La Iglesia entonces aprendió lo que al parecer necesita aprender nuevamente: Que la compasión de Cristo no hace diferencia entre los enfermos, ya sean gentiles o judíos".

Los Siete Nombres Redentores de Jehová

Sin lugar a dudas, los siete nombres redentores de Jehová nos dan otra prueba indiscutible que podemos encontrar sanidad en la expiación. En la versión bíblica de Scofield, señor Scofield explica que el nombre Jehová "es el nombre divino que se relaciona de manera particular con la obra de la redención", y significa "el que existe en

Sí mismo y se revela a Sí mismo". Continúa diciendo que estos siete nombres "señalan una revelación contínua y pregresiva que Dios hace de Sí mismo". Y añade que "en su relación redentora con el hombre, Jehová tiene siete nombres compuestos que lo revelan como Aquel que suple todas las necesidades del hombre, desde que éste cayó en el pecado hasta el tiempo de la redención final".

Como estos nombres revelan Su relación redentora con el hombre, todos ellos *deben* señalar al Calvario donde fuimos redimidos; y la bendición que cada nombre revela, debe ser provista por el Sacrificio. Las Escrituras enseñan ésto claramente.

Los siete nombres redentores de Jehová son los siguientes:

1. **Jehová-sama** — *"El Señor está presente"*, revelándonos el privilegio redentor de disfrutar de Su presencia. El dice, ". . . he aquí Yo estoy con vosotros todos los días, hasta el fin del mundo". El hecho de que "hemos sido hechos cercanos por la sangre de Cristo" (Efesios 2:13) prueba que su presencia ha sido provista por su expiación.

2. **Jehová-salom** — *"El Señor es nuestra Paz"*, nos revela el privilegio redentor de tener su paz. Jesús dijo: "Mi paz os dejo". La paz fue provista por la Expiación porque "el castigo de nuestra paz fue sobre El" cuando El "hizo la paz mediante la sangre de su cruz".

3. **Jehová-rá-ah** — se traduce *"El Señor es mi Pastor"*. El se convirtió en nuestro pastor cuando "dio su vida por las ovejas". Por lo tanto, este privilegio de redención fue comprado por el sacrificio.

4. **Jehová-jireh** — significa *"El Señor Proveerá"* una ofrenda. Cristo fue la ofrenda provista para nuestra completa redención.

5. **Jehová-nissi** — significa *"El Señor es mi Bandera"*, o *"Capitán"*. Cuando *en la cruz* Cristo triunfó sobre todo principado y potestad, proveyó para nosotros el privilegio redentor de declarar: "Gracias sean dadas a Dios, que nos da la *victoria* por medio de nuestro Señor Jesucristo" (I Corintios 15:57).

6. **Jehová-sidkenu** — se traduce *"El Señor es nuestra Justicia"*. El es nuestra justicia porque llevó nuestros pecados en la cruz. Este "don de justicia" es otro privilegio de la redención que recibimos por su expiación.

El Señor, Nuestro Médico

7. **Jehová-rafah** — se traduce *"Yo soy el Señor tu Médico"*, o *"Yo soy el Señor que te sana"*. Este nombre nos revela el privilegio de la redención al ser sanados y al ser provisto por el sacrificio. Isaías declara: "Ciertamente llevó él nuestras enfermedades, y sufrió nuestros dolores" (Isaías 53).

He reservado este nombre en último lugar para explicarlo un poco más. La verdad es que el primer pacto que Dios hizo después de cruzar el Mar Rojo (el cual es indudablemente tipo de nuestra redención) fue el pacto de sanidad. Fue entonces cuando Dios se nos reveló como nuestro médico, el primer pacto y nombre de redención, Jehová-rafah, "Yo soy el Señor tu sanador" (Exodo 15:26). Esta no es solamente una promesa, es un "estatuto y ordenanza". Entonces, de acuerdo con esta antigua ordenanza, y como confirma Santiago 5:14, tenemos una orden positiva de sanar en el nombre de Jesús la cual es tan sagrada y efectiva en la iglesia de hoy, como lo son las ordenanzas de la Cena del Señor y el Bautismo cristiano.

El nombre redentivo de Jehová-rafah, sella entonces, el pacto de sanidad; por lo que en su exaltación, Cristo no abandonará su oficio como sanador, como no lo hará con los demás oficios revelados en los otros seis nombres de redención. ¿Acaso algunas de las bendiciones reveladas en estos nombres redentores han sido retiradas de esta "mejor" dispensación?

Después de haber considerado algunos de los tipos que hablan de la sanidad, pasemos a considerar al Antitipo, o sea a la Expiación misma. Podemos referirnos al gran capítulo de la redención, Isaías 53, uno de los más importantes capítulos escrito por uno de los más eminentes profetas, el cual ilustra claramente la doctrina de la expiación. Toda vez que los tipos del Antiguo Testamento enseñan sanidad, es ciertamente inaceptable e ilógico que coloquemos al antitipo mismo en un plano inferior.

El Sufrió Nuestros Dolores

Antes de citar este capítulo, quiero señalar que las palabras hebreas *"choli"* y *"makob"* han sido traducidas incorrectamente como "aflicciones" y "dolores". Todo el que se haya tomado el tiempo de examinar el texto original ha encontrado que estas palabras significan respectivamente "enfermedades" y "dolores", a través del Antiguo Testamento. La palabra *"choli"* ha sido traducida como "enfermedad" en Deuteronomio 7:15; 28:61; I Reyes 17:17; II Reyes 1:2; 8:8; II Crónicas 16:12; 21:15 y otros textos. La palabra *"makob"* significa "dolor" en Job 14:22; 33:19, etc. Así que en el verso cuatro, el profeta está diciendo: "Ciertamente llevó El nuestras enfermedades y sufrió nuestras dolencias". El lector puede referirse a cualquier comentario bíblico para encontrar información adicional acerca de este asunto. Mas en mi opinión, no hay mejor comentario que el de Mateo 8:16, 17:..."y con la palabra echó fuera a los demonios, y sanó a todos los enfermos; para que se cumpliese lo dicho por el profeta Isaías, cuando dijo: El mismo tomó nuestras enfermedades, y llevó nuestras dolencias". Estos versículos prueban que Isaías 53:4 no habla de la enfermedad del alma y que las palabras traducidas "enfermedad" y "dolor" no se refieren a lo espiritual sino a la enfermedad del cuerpo. Este inspirado comentario de Isaías 53:4 declara fielmente que el profeta hace referencia a las enfermedades del cuerpo, y por esta razón la palabra "enfermedad" (choli) debe traducirse literalmente. El mismo Espíritu Santo que inspira este versículo en Isaías lo cita en Mateo como la explicación de la aplicación universal del poder de Cristo para sanar el cuerpo. Si le diéramos una aplicación diferente, sería como acusar al Espíritu Santo de haber cometido una equivocación, al citar Su propia predicción.

Quiero citar a continuación al ilustre traductor, Dr. Young, en su versión de Isaías 53:

3. *Despreciado y desechado por los hombres*
 Varón de dolores (Hebreo: Makob), experimentado en la enfermedad (choli),
 Y escondiendo de nosotros su rostro,
 fue menospreciado y no lo estimamos.

4. *Ciertamente nuestras enfermedades (choli)*
   El llevó,
   Y nuestros dolores (makob) El los tomó,
   Y nosotros, nosotros le tuvimos por azotado,
   por Herido de Dios y abatido.
5. *Fue herido por nuestras transgresiones,*
   Molido por nuestras iniquidades,
   El castigo de nuestra paz fue sobre El,
   Y por su herida fuimos nosotros sanados.
6. *Todos nosotros nos hemos descarriado*
   como ovejas,
   Cada uno se fue por su propio camino,
   Pero quiso Jehová cargar sobre El,
   El castigo de todos nosotros.
10. *Plugo a Jehová herirlo;*
    y le sujetó a la enfermedad (choli);
    Cuando haya hecho ofrenda por la culpa,
    Verá linaje, vivirá por largos días.
12. *Fue contado con los transgresores,*
    Habiendo El llevado el pecado de muchos,
    Intercediendo por los transgresores.

El hábil traductor de la Biblia Hebreo-Inglesa, Dr. Isaac Leeser, presenta estos versículos como sigue:

3. *Despreciado y desechado de los hombres;*
   Varón de dolores y experimentado en la enfermedad.
4. *Pero solamente nuestras enfermedades llevó El en Sí mismo.*
   Y cargó nuestros dolores.
5. *Y por sus heridas recibimos nosotros sanidad.*
10. *Pero quiso el Señor molerlo por medio de la enfermedad.*

La traducción de Rotherman del versículo 10 dice: "El cargó en Sí mismo la enfermedad".

De Nosotros Al Calvario

En el versículo cuatro la palabra "llevó" *(nasa)* significa *levantar, quitar de en medio, transferir* o *remover*. Es una palabra levítica y se refiere al becerro de la expiación, al cual se le transferirían los pecados del pueblo. "Y aquel macho cabrío llevará *(nasa)* sobre sí todas las iniquidades de ellos *a* tierra inhabitada; y dejará ir al macho cabrío por el desierto" (Levítico 16:22). Así mismo Cristo llevó nuestros pecados y enfermedades "fuera del campamento" a la cruz. El pecado y la enfermedad pasaron de mí, al Calvario de la misma manera, la salvación y la salud pasaron del Calvario a mí.

Los verbos Hebreos "llevó" y "cargó" *(nasa y sabal)* usados en este versículo cuatro tienen el mismo significado en los versículos 11 y 12 en las que describen la obra *substitutiva* del Calvario —"El llevará sus iniquidades", y "habiendo El llevado el pecado de muchos". Ambas palabras significan "asumir una carga muy pesada" y denotan la actual substitución y una completa remisión de pecados. El hecho que Jesús haya llevado nuestros pecados, enfermedades y dolores significa que El los quitó de en medio y los mandó lejos. Ambas palabras significan substitución o llevar la carga ajena.

Quiero ahora citar a *"Jesús, Nuestro Sanador"* (Jesus Our Healer), esplendido tratado escrito por el Rev. W.C. Stevens, publicado y vendido por la librería Biola del Instituto bíblico Torrey en Los Angeles, California. El Rev. Stevens explica: "Esta profecía presenta a la sanidad como parte integral de la expiación vicaria. Cualquiera que sea la explicación de estos dos verbos Hebreos *(nasa y sabal),* la misma debe ser aplicada en ambos casos, tanto en la sanidad del cuerpo como en la sanidad del alma. El distorsionar o cambiar el sentido en un caso, nos daría la libertad para hacerlo en el otro. Ningún estudiante del evangelio cuestiona el hecho que el sentido de los verbos con relación al pecado, a través de todo el Antiguo Testamento, es estrictamente vicario y expiatorio. En esta profecía tenemos entonces el mismo carácter substitutivo y expiatorio de Cristo con relación a la enfermedad, que es dado en toda la Escritura, con relación al haberse El apropiado de nuestros pecados.

Una Traducción Inspirada

No tenemos más que callar ante el testimonio del Espíritu Santo con relación a la obra redentora de Cristo al quitar nuestras enfermedades. Esta interpretación es respaldada totalmente por el Profesor Delitzsch en su exposición de Isaías 53:4. Fiel y libremente el Evangelio de

Mateo define este texto: "El mismo tomó nuestras enfermedades y llevó nuestras dolencias". La ayuda que Cristo presta en toda clase de enfermedad, es explicada en Mateo como el cumplimiento de la profecía de Isaías acerca del Siervo de Jehová. Cuando se usa con relación al pecado, el verbo Hebreo en el texto significa, asumir una carga muy pesada y llevar la culpa por el pecado de otro como si fuera de uno mismo. Esto es, ser un mediador llevando y haciendo sacrificio por el pecado. Aunque en este caso nos refiramos a nuestras enfermedades y dolencias, el sentido mediador es el mismo. Esto no significa que el Siervo de Jehová simplemente participó de nuestros sufrimientos, sino que llevó sobre sí los sufrimientos que nosotros merecíamos y teníamos que llevar. No es solamente que El los quitó de en medio, sino que El mismo padeció para que nosotros fuéramos eximidos de culpa. Llamamos substitución, cuando una persona no solamente acompaña y participa de los sufrimientos de otro, sino que toma su lugar. Vemos entonces que los resultados de la más rigurosa exposición bíblica nos muestran que el llevar y remover la enfermedad humana es parte integral de la obra redentora; fue provista por la expiación y es parte de la doctrina del Cristo crucificado. El es el Salvador tanto de nuestro cuerpo como de nuestro espíritu, y

sus bendiciones fluyen hasta alcanzar la aflicción.

"La sanidad física impartida divinamente es un regalo para todo creyente en cualquier período de la historia del evangelio. Queda claro, entonces, que predicar sanidad divina es el deber de todo predicador".

Una Objeción Contestada

Un escritor canadiense argumenta que Mateo 8:17 no puede referirse a la expiación porque, como Cristo no había sido aún crucificado, esto sería como "hacer a un Cristo vivo, un sacrificio en vida". Para mí, ésto no es un buen argumento ya que Cristo es "el Cordero de Dios inmolado desde antes de la fundación del mundo". El no solamente sanó enfermedades antes de ir al Calvario, sino que perdonó pecados. Sin embargo, estos dos actos de misericordia, se llevaron a cabo teniendo en cuenta la futura expiación de Cristo.

Otro prominente clérigo en Nueva York presenta casi

la misma objeción. El explica que el hecho que Cristo, en Mateo, esté cumpliendo la profecía de Isaías, sanando a los enfermos, prueba que "Jesús no llevó nuestras enfermedades en la cruz, sino mientras estaba vivo en la ciudad de Capernaum". Yo pregunto, ¿llevó Cristo nuestras *iniquidades* en Capernaum o en la cruz? El perdón de pecados y la sanidad tuvieron relación con su futura expiación, ya que "sin derramamiento de sangre no se hace remisión".

La profecía indica que "El llevó nuestras enfermedades". Esto incluye no sólo a los que estaban en Capernaum, sino a todos los demás. En los versículos cuatro y cinco del capítulo 53 vemos a Cristo muriendo por:

"NUESTRAS enfermedades"
"NUESTROS dolores"
"NUESTRAS transgresiones"
"NUESTRAS iniquidades"
"NUESTRA paz"
"NUESTRA sanidad", ya que "por sus heridas fuimos nosotros curados".

Tendríamos que malinterpretar las Escrituras si nos excluyéramos de estas bendiciones.

El único "ciertamente" en el capítulo de la redención determina Su provisión para nuestra sanidad. Difícilmente encontraríamos otra declaración más persuasiva de nuestra completa redención del dolor y la enfermedad, por medio de su muerte expiatoria. Si Cristo, como piensan algunos, no está dispuesto a impartir sanidad a todo el mundo durante su exaltación como lo hizo durante su humillación, entonces, El tendría que incumplir su promesa en Juan 14:12, 13 y ya no sería "Jesucristo, el mismo ayer, hoy y por los siglos".

El hecho que la sanidad en la expiación necesita de la continuación de su ministerio sanador en la exaltación de Cristo, es porque su obra redentora abarca a todos los que viven en la tierra mientras Jesús está con el Padre. Por esta razón El promete que haremos lo mismo, y aún obras mayores, en contestación a nuestra oración. Siempre que la Iglesia permanezca bajo el control del Espíritu Santo, las mismas obras no cesarán; como lo revela la historia y como lo explica además el Dr. A.J. Gordon, "dondequiera que veamos un avivamiento como el de la fe primitiva y de simplicidad apostólica, encontraremos los milagros evangélicos que ciertamente caracterizaron la Era Apostólica".

El Apóstol nos dice: "El que no conoció pecado (en Sí mismo), fue hecho pecado por nosotros". Igualmente, "El quiso sujetarle a padecimiento (por nosotros), al que no conoció enfermedad (en Sí mismo)". Pedro escribe, "El mismo llevó en su cuerpo nuestras enfermedades en el madero". E Isaías declara: "Ciertamente El tomó nuestras enfermedades y nuestros dolores El los llevó". Lesser lo traduce diciendo: "El llevó solamente *nuestras* enfermedades" no teniendo El ninguna en Sí mismo.

Nuevamente, en la traducción del Dr. Young del versículo cuatro leemos: "Mas Jehová cargó en El el castigo de todos nosotros". Acerca de este asunto, un escritor pregunta: "¿cuáles son los castigos por el pecado?". Luego continúa diciendo que esencialmente todos admitiremos que el castigo por el pecado es la condenación del alma, el remordimiento, la ansiedad mental, y las enfermedades; y que éstos son remitidos por la expiación vicaria. ¿Qué regla en la Escritura o qué argumento podemos usar para decir que el castigo por medio de la enfermedad es algo separado o distinto de todos los demás? Citemos las palabras del profeta: "Mas Jehová cargó en El el *pecado* de todos nosotros". Si la enfermedad es parte del castigo, entonces queda demostrado por la inmutable Palabra de Dios que la enfermedad está incluida en la expiación. El escritor pregunta: ¿nos liberta Dios de todo castigo y de toda consecuencia del pecado, *excepto* de la enfermedad? (La cual debe permanecer hasta el amargo final). ¡Desechemos tal pensamiento! Isaías afirma que *todo* el castigo de todos nosotros fue cargado sobre El. El mismo Señor confirmó: "Consumado es". Nada quedó incompleto en la obra de nuestro Señor. Yo quiero añadir que si no fuera así, el profeta hubiera declarado: "Jehová cargó en El solamente una parte del castigo de todos nosotros".

La Cruz, el Remedio Perfecto para el Hombre Integral

Jesús fue a la cruz en espíritu, alma y cuerpo para redimir el espíritu, el alma y el cuerpo del hombre. Esto quiere decir que la cruz es el centro del plan de salvación para el hombre en espíritu, alma y cuerpo.

Toda forma de enfermedad y dolencia conocida por el hombre, estaba incluida, y aún muchas se mencionan específicamente, en la "maldición de la ley" (Deuteronomio 28:15-62 y otros pasajes). Gálatas 3:13 nos declara en forma positiva que "Cristo nos redimió de la maldición de la ley, hecho por nosotros maldición (porque está escrito: 'Maldito todo el que es colgado en un madero') . . .". Esta es una clara demostración que Cristo, quien nació bajo la ley para redimirnos, llevó la maldición de la misma para librarnos de toda enfermedad. Fue en la cruz que Cristo nos redimió de la maldición de la ley. En otras palabras, Cristo nos redimió de las siguientes enfermedades, las cuales especifica Deuteronomio: "tuberculosis", "fiebre", "inflamación", "úlcera de Egipto", "hemorroides", "sarna", "comezón", "locura", "ceguera", "plagas", "todos los males de Egipto" y también de "toda enfermedad y toda plaga que no están escritas en este libro de la ley". Esto incluiría el cáncer, la influenza, paperas, viruelas y cualquier otra enfermedad de nuestros días. Si Cristo nos redimió de la maldición de la ley, y la enfermedad está incluida en la maldición, ciertamente El nos redimió de la enfermedad.

La Redención Sinónimo con Calvario

Hemos sido completamente redimidos de la maldición (espíritu, alma y cuerpo) a través de la expiación. Si la enfermedad es parte de la maldición, ¿cómo podría Dios *justamente* quitar esta parte de la maldición, sanando a los enfermos, sin antes redimirlos de ella? Entonces, si "Cristo nos redimió de la maldición de la ley", ¿cómo puede Dios justificarnos y al mismo tiempo exigirnos que permanezcamos bajo la maldición de la ley? El Apóstol dice: "No estamos bajo la ley, sino bajo la gracia" (Romanos 6:14). En resumen, ¿por qué tendríamos que permanecer bajo la maldición de la ley si no estamos bajo la ley? Hacer ésto sería como poner en prisión de por vida a un hombre cuya inocencia ha sido probada y la corte lo ha justificado del cargo de homicidio.

En Romanos tres Pablo declara que: "Dios puso a Cristo Jesús como propiciación. . . .a fin de que El sea el justo y el que justifica al que es de la fe de Jesús". En otras palabras, si no fuera por la expiación, Dios sería *injusto* al justificar al pecador. De la misma forma, El sería injusto al sanar al enfermo sin haberlo primeramente redimido de la enfermedad. El hecho que Dios sanó a alguien en alguna ocasión es para mí la mejor prueba que la sanidad fue provista por medio de la expiación. Si la sanidad no fue provista para todos en la redención, ¿cómo todos en la multitud, recibieron de parte de Cristo la sanidad, que Dios proveyó? "El los sanó a *todos*".

Una Pregunta Muy Importante

Si el cuerpo no está incluido en la redención, ¿cómo podría haber entonces resurrección? ¿Cómo pues, "la corrupción heredará incorrupción" o "lo mortal se vestirá de inmortalidad"? Si no hemos sido redimidos de la enfermedad, ¿no estaremos sujetos a enfermedad en el cielo? (Si fuera posible resucitar aparte de la redención). Como alguien muy bien ha expresado: "Ya que el destino futuro del hombre es espiritual y físico, es necesario que también su redención sea espiritual y física.

¿Por qué no podría el "Segundo Adán" quitar todo lo que el "primer Adán" trajo sobre nosotros?

Consideremos ahora algunas analogías en los Evangelios:

EL HOMBRE INTERIOR	EL HOMBRE EXTERIOR
Por su caída, Adán trajo el pecado a nuestras almas.	Por su caída, Adán trajo enfermedad a nuestros cuerpos.
Pecado es la obra del diablo.	Enfermedad es la obra del diablo. Jesús "anduvo haciendo bienes y sanando a todos los oprimidos *por el diablo*".
Jesús fue "manifestado para destruir las obras del diablo" en el alma.	Jesús fue "manifestado para destruir las obras del diablo" en el cuerpo.
El nombre de redención *"Jehová-sidkenu"* revela la provisión redentora de Dios para nuestras almas.	El nombre de redención *"Jehová-rafah"* revela la provisión redentiva de Dios para nuestros cuerpos.
En el Calvario, Cristo *"tomó nuestros pecados".*	En el Calvario, Cristo *"llevó nuestras enfermedades".*
El fue hecho "pecado por nosotros" (II Corintios 5:21) cuando El "llevó nuestros pecados" (I Pedro 2:24).	El fue hecho "maldición por nosotros" (Gálatas 3:13) cuando El "llevó nuestras enfermedades" (Mateo 8:17).
"Quien llevó El mismo nuestros	"Por Sus heridas fuimos noso-

EL HOMBRE INTERIOR	EL HOMBRE EXTERIOR
pecados sobre el madero".	tros curados".
"Quien perdona todas tus iniquidades".	"Quien sana todas tus dolencias".
"Porque habéis sido comprados por precio; glorificad, pues, a Dios en vuestro... espíritu".	"Porque habéis sido comprados por precio; glorificad, pues, a Dios en vuestro cuerpo...". (I Corintios 6:20).
El espíritu es comprado por precio.	El cuerpo es comprado por precio.
¿Glorificaremos a Dios en nuestro espíritu si permanecemos en pecado?	¿Glorificaremos a Dios en nuestro cuerpo si permanecemos enfermos?
Ya que El "tomó *nuestros* pecados", ¿cómo no será el deseo de Dios de salvar a todo el que viene a El? "Todo el que cree".	Ya que El "llevó *nuestras* enfermedades", ¿cómo no *será* el deseo de Dios el sanar a todo el que viene a El? "El los sanó a todos".
Mas Dios, "al que no conoció pecado, por nosotros lo hizo pecado".	Al que no conoció enfermedad, Dios lo sujetó a enfermedad por nosotros.
Rev. A.J. Gordon	*Rev. A.J. Gordon*
Si como substituto Cristo llevó nuestros pecados, ésto significa que nosotros no tenemos que llevarlos.	Si como nuestro substituto, Cristo llevó nuestras enfermedades, ésto significa que nosotros no tenemos que llevarlas.
Rev. A.J. Gordon	*Rev. A.J. Gordon*
Cristo llevó nuestros pecados para librarnos de ellos. No solamente se *compadeció* (acompañándonos en el dolor), sino que *tomó nuestro lugar*, (sufrió *por* nosotros). *Rev. A.J. Gordon*	Cristo llevó nuestras enfermedades para librarnos de ellas. No solamente se *compadeció* (nos *acompañó* en), sino que *tomó nuestro lugar* (sufrió *por* nosotros). *Rev. A.J. Gordon*
Si el hecho de que Cristo "llevó nuestros pecados en su cuerpo sobre el madero" nos da una razón poderosa para confiar en El ahora, para el perdón de nuestros pecados.	¿Por qué el hecho de que El "llevó nuestras enfermedades" no sería igualmente una razón poderosa por la cual podemos confiar en El ahora, para la sanidad de nuestro cuerpo"? (Cita de escritor desconocido)
La fe para la salvación "viene por el oír", de la Palabra de Dios: "El llevó nuestros pecados".	La fe para la sanidad "viene por el oír"; El "llevó nuestras enfermedades".
Prediquemos a toda criatura el Evangelio, que El llevó nuestros pecados.	Y prediquémosle el Evangelio, que El de la misma manera lle-

¿Nos Redimió Cristo de Nuestras Enfermedades?

EL HOMBRE INTERIOR	EL HOMBRE EXTERIOR
	vó nuestras enfermedades a toda criatura.
La promesa de Cristo para el alma, se encuentra en la Gran Comisión - "el que creyere, será salvo" (Marcos 16).	La promesa de Cristo para el cuerpo, se encuentra en la Gran Comisión - "sobre los enfermos pondrán sus manos y sanarán" (Marcos 16).
Con relación al bautismo, la Biblia enseña que el que creyere y fuere bautizado será salvo (Marcos 16).	Con relación a la ordenanza de ungir con aceite, la Biblia enseña que el que cree y es ungido será sanado (Santiago 5:14).
Se nos ha ordenado bautizar en el Nombre de Jesús.	Se nos ha ordenado ungir "en el Nombre de Jesús" (Stg. 5:14).
En la Cena del Señor, el vino se toma "en memoria" de Su muerte por las almas (I Co. 11:25).	En la Cena del Señor, el pan se come "en memoria" de Su muerte por nuestros cuerpos (1 Co. 11:23-24).
El pecador se arrepiente antes de creer en el Evangelio "para justicia".	Santiago 5:16 declara: "Confesaos vuestras ofensas . . . para que seáis sanados".
El bautismo en agua simboliza total sujeción y obediencia.	Unción con aceite es símbolo y señal de consagración.
El pecador tiene que aceptar que la promesa de Dios es verdadera, antes de sentir el gozo de la salvación.	El enfermo tiene que creer que la promesa de Dios es verdadera, antes de poder experimentar la sanidad.
"Mas a todos los que le recibieron . . . han sido engendrados . . . de Dios" (Juan 1:12-13).	". . . y todos los que le tocaban quedaban sanos" (Marcos 6:56).

Quiero citar uno de los muchos casos en que enfermos han sido sanados mientras escuchaban la predicación acerca de la sanidad en la expiación. La sanidad vino por medio de su misma fe, antes de ser ungidos.

A la edad de ocho años la Sra. Clara Rupert de Ohio, sufría gravemente de tosferina, la cual le causó la rotura de los músculos de uno de sus ojos dejándola con una pérdida total de la visión que durante todos los años que transcurrieron, después ella podía frotar el globo del ojo con su dedo, sin sentir dolor alguno. Durante los días de mucho viento, decía la Sra. Rupert, cualquier partícula podía entrar en su ojo sin causarle molestia alguna.

Mientras escuchaba un sermón acerca de la expiación

en uno de nuestros avivamientos en Lima, Ohio, la Sra. Rupert se dijo a sí misma: "Si ésto es verdad, y lo es porque la Biblia lo dice, entonces yo estoy tan segura que recibiré la vista en mi ojo invidente esta noche cuando vaya al altar, como lo estaba de mi salvación cuando fui al altar metodista hace muchos años atrás y fui salva". Con este razonamiento fue al altar y mientras orábamos, ella le pidió al Señor que la sanara. Antes que pudiéramos ungirla, ella regresó a los brazos de su padre llorando mientras la audiencia se preguntaba el por qué ella había dejado el altar sin haber sido ungida. ¿"Qué te sucede, hija"?, preguntó el padre. "Mi ojo", ella respondió. ¿"Te duele el ojo"?, preguntó el padre. "No", dijo ella, "Puedo ver perfectamente".

Unos meses después, en uno de nuestros avivamientos en San Pablo, Minnesota, nos encontramos con la Sra. Rupert y su esposo, los cuales estaban estudiando la Biblia y preparándose para servir al Maestro. Su esposo quería predicar el Evangelio de Cristo, que tan generosamente había sanado a su esposa.

Casi diariamente, en nuestros avivamientos, escuchamos los testimonios de aquellos que han sido sanados en sus asientos, mientras escuchaban el mensaje.

Este punto de vista acerca de la sanidad en la expiación, no es nuevo ni mío particularmente. Muchos de los mejores cristianos y maestros en la Iglesia lo han visto y enseñado. Además de los maestros ya mencionados, quiero citar algunas palabras del Dr. Torrey y otros.

El Dr. R.A. Torrey, en su libro *"Sanidad Divina"* (Divine Healing) declara: "La muerte expiatoria de Jesucristo no solamente nos dio la sanidad física, sino también la resurrección, perfección y glorificación de nuestros cuerpos. El Evangelio de Cristo provee salvación no solamente para el alma, sino también para el cuerpo. Así como obtenemos los primeros frutos de nuestra salvación espiritual en la vida que tenemos ahora, asimismo obtenemos los primeros frutos de nuestra salvación física en la vida que tenemos ahora. Cada creyente ya sea anciano en la Iglesia o no, tiene el privilegio y el deber de 'orar los unos por los otros', en caso de enfermedad, creyendo que Dios escucha y sana".

El Dr. R.E. Stanton, ex-moderador de la Asamblea

General de la Iglesia Presbiteriana, declara lo siguiente en su analogía del Evangelio: "Mi meta es demostrar que en la expiación de Cristo yace el fundamento tanto para la liberación del pecado como para la liberación de la enfermedad. Que para ambas se ha hecho una provisión completa; y que en el ejercicio de la fe, bajo las circunstancias prescritas, tenemos la misma razón para creer que el cuerpo puede ser liberado de la enfermedad como para creer que el alma es liberada del pecado. En resúmen, estas dos ramas de la liberación han sido establecidas sobre el mismo fundamento, y es necesario que ambas sean incluidas en cualquier concepto o idea respecto a lo que el Evangelio ofrece a la humanidad. El sacrificio vicario de Cristo cubre tanto las necesidades físicas como las espirituales . . . Por lo tanto, la sanidad del cuerpo no es un "asunto aparte" como muchos lo presentan. Sanidad y salvación son parte del mismo Evangelio, basadas en la gloriosa expiación".

En el informe de la Comisión nombrada por la Iglesia Episcopal y patrocinada por el Obispo Reese, Comisión que estudia la sanidad divina, aparece la siguiente declaración: "La sanidad del cuerpo es un elemento esencial del Evangelio que debe ser predicado y practicado. Nuestra sanidad está en la voluntad de Dios y, El ha dado a la Iglesia (el cuerpo de Cristo) la misma comisión y el mismo poder que tiene la "cabeza" (Cristo). Con esta clara concepción del amor creativo de Dios, nosotros tenemos que darle al mundo pecador y que sufre, el Evangelio completo, de salvación del pecado y de sus inevitables consecuencias".

Estas conclusiones fueron el resultado de tres años de estudio e investigación por parte de dicha Comisión.

El Obispo Episcopal, Charles H. Brent, líder de los capellanes en Francia y quien dirigió la vida religiosa de nuestros ejércitos en ultramar, afirma: "Aquel que rechaza el poder sanador de Cristo relegándolo a la época del Nuevo Testamento, no está predicando el Evangelio completo. Dios era, y es, el Salvador tanto del cuerpo como del alma".

James Moore Hickson alega: "Una Iglesia viva es aquella en la cual Cristo está vivo, vive y camina haciendo, a través de los miembros, lo que El hizo en los días de su carne. Tiene que ser, entonces, una Iglesia donde se recibe tanto *salud* como salvación . . . la sanidad espiritual es sacramental. Es la extensión de su propia vida encarnada a través de los miembros de su cuerpo místico".

Los ilustres escritores desaparecidos, Dr. A.B. Simpson, Andrew Murray, A.T. Pierson, Dr. A.J. Gordon y muchos otros escritores modernos, han enseñado acerca de la sanidad en la expiación. Como expresó un escritor desconocido: "En la cruz del Calvario, Jesús ha clavado la proclama: *Me he librado de descender al sepulcro porque he encontrado redención*" (Job 33:24).

Isaías comienza el capítulo de la redención con la pregunta: "¿Quién ha creído a nuestro anuncio? ¿y sobre quién se ha manifestado el brazo de Jehová? Y el anuncio continúa, que El llevó nuestros pecados y enfermedades. La respuesta a la pregunta es que solamente los que han oído el anuncio pueden creer, porque la "fe viene por el oír". Jesús murió para salvar y sanar y esto es, ciertamente, digno de ser anunciado.

El propósito de este sermón es probar que la sanidad ha sido provista por la expiación y es parte del Evangelio que Cristo nos ordenó predicar:

A "todo el mundo"
A "todas las naciones"
A "toda criatura"
Con "todo poder"
A través de "todos los días
Hasta el fin del mundo".

3

SANIDAD PARA TODOS

¿Será la voluntad de Dios, como en el pasado, sanar a todo aquel que necesita sanidad, y que llegue hasta el final de sus días?

Una de las más grandes barreras para aquellos que buscan sanidad es la incertidumbre de saber la voluntad de Dios si es o no el sanar a todo el mundo. Casi todos sabemos que Dios sana a algunos, pero la teología moderna impide a muchos conocer lo que la Biblia claramente enseña: que la sanidad ha sido provista para todos. Es imposible que osadamente reclamemos por fe una bendición, la cual no estamos seguros que Dios ofrece. El poder de Dios únicamente puede ser reclamado donde la voluntad de Dios es conocida.

Sería casi imposible que un pecador pudiera "creer para justicia" antes de haber sido completamente convencido que es la voluntad de Dios haberlo salvado. La fe comienza donde la voluntad de Dios es conocida. Si es la voluntad de Dios sanar solamente a algunos de los que necesitan sanidad, entonces nadie tendría una base para la fe, a menos que no tuviera una revelación especial de Dios que El sería uno de los favorecidos. La fe tiene que descansar en la voluntad de Dios solamente y no en nuestros deseos. Apropiarse de la fe no significa que Dios puede, sino que Dios lo hará. Muchos creyentes en nuestros días, ignorantes del privilegio de la redención que ha sido otorgado a todos, oran por sanidad diciendo "si es tu voluntad".

Entre los que buscaron sanidad en los días del ministerio terrenal de Cristo, solamente sabemos de uno que usó esta clase de teología. Este fue el leproso que dijo: "Señor, si quieres, puedes limpiarme". Lo primero que hizo Jesús fue corregir su teología diciendo: "Quiero, sé limpio". El "quiero" de Jesús eliminó el "si quieres", añadiendo a la fe del leproso que Cristo podía y quería sanarlo.

La teología de este leproso, antes de ser iluminado por Cristo, es casi universal en nuestros días porque esta parte del Evangelio se predica muy poco y en parte. Vemos a través de toda la Escritura que la doctrina más explícita es, que la voluntad de Dios es sanar y que lleguemos hasta el final de nuestros días, de acuerdo a su promesa. Claro, nos referimos a aquellos que han sido debidamente instruidos y que reunen las condiciones prescritas en la Palabra. Algunos dicen: "si la sanidad es para todos, entonces nunca moriremos". ¿Por qué no? La sanidad divina no va más allá de la promesa de Dios. El no promete que nunca moriremos, el dice, ". . . y yo quitaré toda enfermedad de en medio de ti. . . y completaré el número de tus días" (Exodo 23:25, 26).

"los días de nuestra edad son setenta años"
(Salmo 90:10)

". . .No me cortes en la mitad de mis días"
(Salmo 102:24)

". . .¿por qué habrás de morir antes de tu tiempo?"
(Eclesiastés 7:17)

Otros se preguntarán cómo morirá el hombre.
"Les quitas el hálito, dejan de ser, y vuelven al polvo"
(Salmo 104:29)

El Rev. P. Gavin Duffy escribe: "El ha asignado al hombre cierta largura de vida, y su voluntad es que vivamos ese tiempo. Quiero recordarles que todos aquellos que fueron resucitados eran gente joven que no habían vivido el número de sus años. Este mismo hecho nos muestra que Dios no aprueba la muerte prematura. No vamos a esperar tampoco que el hombre viejo se mantenga joven físicamente; pero si el término asignado no se ha cumplido tenemos derecho a reclamar salud de parte de Dios. Y si sobrepasamos nuestro término y es la voluntad de Dios que continuemos viviendo por más tiempo, aún es su voluntad que lo hagamos en buena salud".

Si queremos conocer la voluntad de Dios en cualquier asunto, tenemos que leer Su Testamento. Supongamos que alguna señora dijera: "Mi esposo era muy rico y ahora ya

muerto, quisiera saber si me dejó algo en su testamento".
Yo le diría: "¿Por qué no lee el testamento para que sepa?
La palabra "testamento", hablando legalmente, significa la
voluntad de una persona. La Biblia contiene la voluntad y
el testamento de Dios, en el cual El nos otorga todas las
bendiciones de la redención. Y siendo ésta su *última*
voluntad y testamento, todo lo que se presente más adelante, es falso. Nadie puede escribir una nueva voluntad
después de muerto. Si la sanidad es la voluntad de Dios para nosotros, decir que la era de los milagros ha terminado
es oponerse a la verdad, o anular un testamento después
de la muerte del que lo hizo. Jesús no es solamente el que
escribió el Testamento y quien murió, El resucitó y es
también el mediador de la voluntad. El es nuestro abogado
y no nos defraudará como lo hacen los abogados terrenales. El es nuestro representante a la diestra de Dios.

Olvidémonos ahora de la tradición moderna y pasemos a considerar la Palabra de Dios, la cual nos revela
Su voluntad.

En Exodo 15, después del pasaje del Mar Rojo, el
cual fue "escrito para nuestra admonición" y tipo de la
redención, Dios da su primera promesa de sanidad. Esta
promesa fue para *todos*. Las condiciones estipuladas por
Dios fueron cumplidas, y leemos: "Los sacó con oro y
plata, y no hubo ningún enfermo en todas sus tribus".
Fue aquí que el Señor dió el pacto de sanidad revelado
y sellado con su nombre de redención *Jehová-rafah*, que
traducido es "Yo Soy tu Dios que te sana". Esta es la
Palabra de Dios "establecida en el cielo", la cual nunca
cambiará.

Decir que este privilegio de recibir sanidad no es para
el pueblo de Dios sería como cambiar el "Yo *Soy*" a "*Yo
Era*" Jehová-rafah. ¿Quién tiene autoridad para cambiar
los nombres redentores de Dios? Bajo este primer nombre,
lo mismo que en los otros seis, en vez de abandonar su
oficio como sanador, El sigue siendo "Jesucristo, el mismo
ayer, hoy, y por los siglos". Las bendiciones reveladas en
sus nombres de redención fueron provistas por la Expiación
hecha para todos los hombres y no solamente para Israel.
Este Capítulo 15 de Exodo nos enseña que en aquella época, 3.500 años atrás, Dios no dejó que la gente dudara
acerca de su deseo de sanarlos a *todos*.

Una Nación Sin Enfermos

Este estado universal de salud en la nación de Israel continuó mientras las condiciones estipuladas por Dios fueron cumplidas. Números 16:46-50 relata como, por causa del pecado, la plaga destruyó 14.700 israelitas. Después que el pueblo retornó nuevamente a Dios, la plaga fue quitada, y El continuó siendo Jehová-rafah, el sanador, no solamente de algunos, sino de *todos*. Si la plaga hubiese permanecido aun en uno de ellos, no podríamos decir que fue quitada. Este estado de salud siguió sin interrupción hasta diecinueve años más tarde cuando el pueblo, insatisfecho por la forma en que Dios los dirigía, habló contra Dios y contra Moisés y fueron heridos por las serpientes. Cuando nuevamente se tornaron a Dios y confesaron su pecado, la Palabra de Dios para ellos a través de Moisés fue: "Y acontecerá que *cualquiera* que fuere mordido y mirare a ella (tipo del Calvario) vivirá". En esta situación, las Escrituras nos muestran otra vez que era la voluntad de Dios el sanar, no a algunos, sino a *todos*. *Todo aquel* que fue mordido vivió cuando miró a la serpiente de bronce, lo cual es un tipo del futuro sacrificio en el Calvario.

El Salmista David en su tiempo entendió que la sanidad era un privilegio universal. En el Salmo 86 él dice: "Porque tú, Señor, eres bueno. . . y grande en misericordia para con *todos* los que te invocan". En el próximo sermón veremos que la sanidad fue una de las más prominentes misericordias en todas las Escrituras, y que el enfermo, en el Nuevo Testamento, pedía misericordia cuando buscaba sanidad de parte de Cristo. De acuerdo con la promesa del Antiguo Testamento, Jesús probó que era "grande en misericordia" sanando, no a *algunos*, sino a *todos* los que vinieron a El. Otra vez en el Salmo 103 vemos que David creía que la misericordia de sanar era tanto un privilegio universal como lo era la misericordia del perdón. El le dice a su alma que bendiga a Dios, "quien perdona *todas* tus iniquidades, y sana *todas* tus dolencias". "Quien sana *todo*" es tan permanente como "Quien perdona *todo*", ya que se usa un lenguaje idéntico refiriéndose a las dos misericordias.

Con relación al hombre "que habita al abrigo del Altísimo", Dios dice en el Salmo 91 que *"le saciará de larga vida"*. El privilegio de vivir al abrigo del Altísimo, ¿será para algunos o para todos? Si es para todos, la promesa de Dios para *todos* es que "los saciará de larga vida". Dios faltaría a su promesa si no quisiera sanar a sus hijos obedientes de mediana edad. Si vivir al abrigo del Altísimo fue posible en un pasado más obscuro o incierto, ciertamente lo es en esta mejor era de la gracia donde "El hace que su gracia abunde" para cada uno de sus hijos. Los profetas del Antiguo Testamento "profetizaron de la gracia que vendría a *nosotros*".

El Calvario Suple Todas las Necesidades Del Hombre

En Isaías 53 vemos cómo Cristo llevó nuestros pecados y enfermedades haciendo de ambos un privilegio universal. Lo que Cristo hizo por cada uno que vino a El fue una bendición *individual*, pero lo que El hizo en el Calvario, fue para *todos*.

Está claro que en todos estos ejemplos o casos citados del Antiguo Testamento fue la voluntad de Dios sanar a *todos* los que reunían las condiciones. Siempre que el perdón era ofrecido, también lo era la sanidad. Dejemos que los que enseñan que la voluntad de Dios acerca de la sanidad no es para hoy en día, contesten a la siguiente pregunta: ¿Por qué razón Dios eliminaría esta misericordia establecida en el Antiguo Testamento, de esta mejor dispensación? ¿No es de esperarse que El, quien "nos ha reservado cosas mejores" y, quien es "El mismo ayer, hoy, y por los siglos" extienda sus misericordias a esta mejor dispensación? Vamos ahora al Nuevo Testamento y veremos.

La mejor forma de contestar a la pregunta que tenemos delante de nosotros es leyendo los Evangelios, en los cuales se relatan las obras y enseñanzas de Cristo. El fue la expresión de la voluntad del Padre. Su vida fue la revelación y manifestación de la voluntad y el amor inalterable de Dios. El actuó literalmente la voluntad de Dios para la raza adámica y dijo: "He venido, no para hacer mi voluntad, sino la voluntad del que me envió", y "el Padre que mora en mí, El hace todas las obras". El también dijo: "El que me ha visto a mí, ha visto al Padre". Queda claro, entonces, que cuando El sanaba las multitudes que le apretaban día tras día, vemos la voluntad del Padre revelada. Cuando "El puso sus manos *sobre cada uno* y los sanó", El estaba llevando a cabo la voluntad de Dios para *nuestros* cuerpos. Tal vez no hay gente tan conservadora como los intelectuales-académicos de la iglesia Episcopal, y sin embargo, la comisión que fue asignada para que estudiara el tema de la sanidad divina e informara los resultados del estudio a la Iglesia, después de tres años de estudio e investigación bíblica y de la historia, declararon lo siguiente: "Cristo sanó a los enfermos revelándonos la voluntad de Dios para el hombre. Conociendo que la voluntad de Dios ha sido completamente revelada, ellos añaden que "La Iglesia ya no debe usar las palabras 'si es tu voluntad' cuando ora por los enfermos ya que *destruyen la fe*".

Los Evangelios enseñan sanidad completa para el alma y el cuerpo para todos los que vienen a El. Muchos dicen: "yo creo en la sanidad, pero no creo que sea para todos". Si no es para todos, ¿cómo haremos la oración de fe, aun *por aquel* a quien Dios quiere sanar, sin recibir la revelación de parte del Espíritu Santo que estamos orando por la persona correcta? Si no es la voluntad de Dios el sanar *a todos*, entonces ningún hombre puede aprender de la Biblia cuál es la voluntad de Dios para él. ¿Debemos, pues, cerrar nuestras Biblias y pedir revelación directa del Espíritu Santo, antes de orar por los enfermos?

Esto sería como decir que la actividad Divina con relación a la sanidad, está gobernada por la revelación directa del Espíritu, en vez de ser por las Escrituras. ¿Cómo podrán sanarse los enfermos si no les predicamos un Evangelio (buenas nuevas) de salud que sirva como base para su fe? ¿Y si la fe es la confianza que Dios cumplirá su promesa, cómo podrá tener fe para ser sanado si no hay ninguna promesa en la Biblia que el enfermo pueda reclamar? Las Escrituras nos dicen como Dios sana al enfermo: "El envió su *Palabra* y los sanó, y los libró de su ruina" (Salmo 107:20); "La *Palabra* de Dios, la cual actúa en vosotros los creyentes" y es "medicina para todo su cuerpo" (I Tesalonicenses 2:13; Proverbios 4:22).

Si un millonario anunciara a una audiencia de mil personas que él podría darle mil dólares a cada uno de ellos, ésto no les daría una base para tener fe que obtendrían los mil dólares, porque la fe no descansa en la habilidad. Si él fuera más allá y dijera: "les voy a dar mil dólares a cincuenta de ustedes", aun así ninguno tendría una base para tener fe de poder obtener los mil dólares. Si le preguntáramos a alguien si está seguro que recibiría los mil dólares, nos podría contestar: "necesito dinero y espero estar entre los beneficiados, pero no puedo estar seguro". Pero si el millonario dijese: *es mi voluntad* el dar mil dólares a cada uno", entonces todos en la audiencia tendrían una base para tener fe y agradecerían la generosidad del millonario.

Supongamos ahora que Dios hace acepción de personas y que es su voluntad el sanar a *algunos* solamente. Demos una mirada a través de los Evangelios para ver cómo los amigos de los enfermos, decidieron cuál de los enfermos debían de traer al Señor para que fueran sanados: "Al ponerse el sol, *todos* los que *tenían enfermos* de diversas enfermedades los traían a El; y El, poniendo sus manos sobre *cada uno de ellos,* los sanaba" (Lucas 4:40). Desafortunados o no, todos fueron traídos y sanados. Ciertamente era Dios *haciendo* y *revelando* su propia voluntad. Si uno de nosotros hubiese estado allí, también hubiera sido traído y sanado porque "todos fueron traídos". En su relato del mismo evento, Mateo nos dice que Jesús no hacía excepciones: "El sanó a todos los enfermos; para que se cumpliese lo dicho por el profeta Isaías, cuando dijo: El mismo tomó *nuestras* enfermedades y sufrió *nuestros* dolores". La palabra "nuestros" incluye a todos en el sacrificio del Calvario y requiere la sanidad de *todos,* para que se cumpla la profecía.

Instamos a los enfermos que lean y observen a través de los Evangelios los *"todos"* y los *"cada uno",* para que vean que la bendición redentora de salud, fue para *todos,* y que nadie nunca acudió en vano delante de Jesús para recibir sanidad. Nunca hubo una multitud lo suficientemente grande como para que Cristo le negara la sanidad a alguno.

Jesús Sana Todo y a Todos

*"Y recorrió Jesús toda Galilea, enseñando. . . y predicando el evangelio. . . y sanando **toda***

*enfermedad y toda dolencia en el pueblo. Y se difundió su fama por toda Siria; y le trajeron a **todos** los que tenían dolencias, los afligidos por diversas enfermedades y tormentos, los endemoniados y paralíticos; y **los sanó**. Y le siguió mucha gente de Galilea, de Decápolis, de Jerusalén, de Judea y del otro lado del Jordán.*
(Mateo 4:23-25)

*"Recorría Jesús todas las ciudades y aldeas, enseñando. . . y predicando el evangelio. . . y sanando **toda** enfermedad y **toda dolencia** en el pueblo. Y al ver las multitudes, tuvo compasión de ellas. . . Entonces llamando a sus doce discípulos, les dio autoridad sobre los espíritus inmundos, para que los echasen fuera, y para **sanar toda enfermedad y toda dolencia".***
(Mateo 9:35, 36; 10:1)

Queremos enfatizar el hecho, que fue por causa de las multitudes que venían a recibir sanidad, las cuales fue necesario que se establecieran nuevos obreros para predicar y sanar. Después de ésto, setenta nuevos obreros fueron instituidos y enviados a sanar y a predicar.

*"Sabiendo esto Jesús, se apartó de allí; y le siguió **mucha gente**, y **sanaba a todos".***
(Mateo 12:15)

*"Y saliendo Jesús, vio una **gran multitud**, y tuvo compasión de ellos, y sanó a los que de ellos estaban enfermos"*
(Mateo 14:14)

*"Y terminada la travesía, vinieron a tierra de Genesaret. Cuando le conocieron los hombres de aquel lugar, enviaron noticia por toda aquella tierra alrededor, y trajeron a Él **todos los enfermos**; y le rogaban que les dejase tocar solamente el borde de su manto; y todos los que lo tocaron, quedaron sanos".*
(Mateo 14:34-36)

*". . .y de una **gran multitud** de gente de toda Judea, de Jerusalén y de la costa de Tiro y de Sidón, que había venido para oirle, y para ser sanados de sus enfermedades; y los que habían sido atormentados de espíritus inmundos eran*

*sanados. Y **toda la gente** procuraba tocarle, porque poder salía de El y sanaba a **todos**".*

(Lucas 6:17-19)

Vemos a través de los Evangelios que siempre que traían a los enfermos para recibir sanidad se recalca el hecho que *"todos"* eran traídos. Si de acuerdo a la tradición moderna la voluntad de Dios es que el enfermo pacientemente permanezca en su enfermedad para gloria Suya, ¿no es extraño que no hubiese ni uno de esta categoría, entre las multitudes, que vinieron a Cristo para recibir sanidad? Cuando Jesús sanó al epiléptico demostró que es la voluntad del Padre sanar aun a éste, a quien los discípulos (divinamente comisionados para echar fuera demonios) no pudieron liberar (Marcos 9:14-29). Sería entonces un error dudar o enseñar que el Señor no desea sanar porque los discípulos fallaron en este caso. El hecho que Jesús sanó al epiléptico prueba la incredulidad de los discípulos. Después de tres años de constante comunión, Pedro describe el ministerio del Señor en la tierra en esta forma: "Dios ungió con el Espíritu Santo y con poder a Jesús de Nazareth, y cómo éste anduvo haciendo bienes y sanando a *todos* los oprimidos por el diablo, porque Dios estaba con El" (Hechos 10:38).

Esta Escritura, como muchas otras, enseña que El los sanó a *todos*. Aquí tenemos la voluntad de Dios revelada para nuestros cuerpos y la respuesta para la pregunta, ¿Es la sanidad para todos?

Muchos, en nuestros días, enseñan que Jesús hizo sanidades milagrosas sólo para enseñar su poder y probar su divinidad. Puede que ésto sea cierto, pero no es *toda* la verdad. El no tenía que haber sanado a *todos* para haber mostrado su poder, algunos casos sobresalientes hubieran sido suficientes. Pero las Escrituras enseñan que su compasión le movió a sanar, y para que se cumpliese la profecía. Otros enseñan que El sanó a los enfermos para hacerse conocer, pero en Mateo 12:15, 16 leemos: "Grandes multitudes le seguían, y El los sanaba a *todos*, y les encargaba rigurosamente que *no lo descubriesen*".

Algunos, los cuales tienen que admitir que Jesús sanó a todos los que vinieron a El, sostienen que la profecía de Isaías con relación a que Jesús llevó nuestras enfermedades se refiere solamente a su ministerio en la tierra, y que esta manifestación universal de su compasión era especial y no una revelación de la inmutable voluntad de Dios. Pero la Biblia claramente enseña que El solamente *"comenzó a hacer y a enseñar"* no sólo lo que continuaría sino lo que aumentaría después de su ascensión.

Después que sanó a todos los que vinieron a El por tres años, Jesús dijo: "Os conviene que yo me vaya". ¿Cómo podría ser ésto, si su ministerio a los afligidos iba a ser afectado?

Anticipando la incredulidad con que su promesa podría ser recibida, El introdujo su promesa de continuar las mismas y mayores obras en respuesta a nuestras oraciones, después de su exaltación con las palabras: "De cierto, de cierto os digo, el que cree en mí, las obras que yo hago, él las hará también; y aun mayores obras que éstas, porque yo voy al Padre, y todo lo que pidieres al Padre en mi nombre, yo lo haré, para que el Padre sea glorificado en el Hijo" (Juan 14:12, 13).

En otras palabras, haremos las obras pidiéndole a *El* que las haga. El no dijo, "menos obras", El dijo, *"las* obras" y *"mayores* obras". Para mí ésta promesa de los labios de Cristo es una respuesta irrebatible a los libros y artículos de los que se oponen a la sanidad divina.

"Escrito está", era la política de Jesús cuando resistía al diablo.

William Jennings Bryan pregunta: "Si Cristo dijo 'escrito está' y el diablo dijo: 'escrito está' ¿por qué no puede el predicador decir 'escrito está'?"

La Sabiduría de la Iglesia Primitiva

La Iglesia primitiva creyó en la Palabra de Cristo y los discípulos o miembros oraron unidos por señales y prodigios de sanidad hasta "que el lugar donde estaban reunidos tembló", y "trajeron a los enfermos en camas y lechos y los ponían en las calles. . .". También venían multitudes de las ciudades de alrededor de Jerusalén y traían a los enfermos, y a los que estaban atormentados de demonios y *todos eran sanados.* "Todo lo que Jesús *comenzó* a hacer y a enseñar" el continúa haciéndolo desde la diestra del Padre a través de "su cuerpo, la iglesia", y de acuerdo a su promesa. Algunos dirán que ésto ocurrió solamente al comienzo de los Hechos con el propósito de confirmar la palabra de ellos con relación a la resurrección de Cristo. Vamos entonces a referirnos al *último* capítulo de los Hechos para ver como treinta años más tarde, después que Pablo sanó al padre de Publio en la Isla de Malta: "todos los enfermos en la Isla vinieron y fueron curados". Vemos nuevamente en el último capítulo de los Hechos del Espíritu Santo (el único libro que no ha sido terminado en el Nuevo Testamento) que todavía la voluntad de Dios no es sanar a algunos, sino a *todos*.

El Espíritu Santo, Sucesor y Ejecutor de Cristo, tomó posesión de la Iglesia y mostró el mismo poder sanador *después* del Pentecostés, que Cristo había demostrado *antes*, y multitudes fueron sanadas. Nunca hemos leído en los Evangelios o en los Hechos, de alguno que se le haya negado la sanidad. Los hombres han llamado este libro los "Hechos de los Apóstoles". Los "Hechos del Espíritu Santo" sería un nombre mucho más adecuado ya que registra las obras del Espíritu Santo a través de los apóstoles y de otros. Felipe y Esteban no eran apóstoles, sin embargo fueron usados tan gloriosamente como Pedro y Juan. El Espíritu Santo vino para ejecutar por nosotros todas las bendiciones compradas por la redención de Cristo, y confirmadas por los siete nombres redentores. El nunca ha perdido el interés por el trabajo que vino a ejecutar. Si desea saber cómo el Espíritu Santo trabaja *hoy*, lea cómo lo hizo en el pasado. El libro de los Hechos muestra cómo El quiere actuar a través de "todos los días hasta el fin del mundo". Fue el Espíritu Santo el que hizo todos los milagros de sanidad a través de Cristo. Jesús nunca se hizo cargo de efectuar ningún milagro sin antes consultar en oración al Espíritu Santo. Dependiendo completamente en el Espíritu Santo, Jesús echó fuera demonios y sanó a los enfermos. Todos los milagros de Cristo fueron hechos por el Espíritu Santo, adelantándose a su propia dispensación, y antes de entrar oficialmente a su cargo. ¿Por qué el Espíritu Santo, quien sanó a *todos* los enfermos antes de que su dispensación comenzara; irá a hacer menos, después de tomar su oficio? El "Hacedor de Milagros", ¿relegará el hacer milagros en su propia dispensación?

¿Es la enseñanza y la práctica de la Iglesia en este asunto de sanidad durante este período laodiceo (tibio) de su historia, una mejor expresión de la voluntad de Dios que la enseñanza y la práctica de la Iglesia primitiva cuando estaba bajo la total influencia del Espíritu Santo? ¡Seguramente que no! Me atrevo a decir que la teología moderna le ha robado parte de su ministerio, al Espíritu Santo.

En resumen, hemos considerado diferentes ángulos respecto a la revelación de la actitud misericordiosa de Cristo hacia nuestras enfermedades y pecados, desde su exaltación a la Diestra de Dios. No estamos lidiando en el pasado, sino con la actitud *actual* de Cristo hacia nuestras enfermedades.

1. La actitud actual de Cristo está totalmente revelada en su nombre de redención Jehová-rafah. Sus nombres relativos a la redención no pueden cambiar. Todos admitimos que sus *otros* seis nombres son una revelación de su actitud *actual* acerca de las bendiciones que a cada nombre le fue dado revelar. ¿Bajo qué lógica podríamos suponer, entonces, que El abandonó su oficio como sanador?

2. Su actitud actual es además revelada por su propia y definida promesa de continuar y aumentar su ministerio sanador: "De cierto, de cierto os digo: El que cree en mí, *las obras* que yo hago, él las hará también; y aun *mayores hará*, porque yo voy al Padre; y todo lo que pidieres al Padre en mi nombre yo lo haré, para que el Padre sea glorificado en el Hijo" (Juan 14:12, 13).

3. Su actitud actual es revelada por Su propio cumplimiento de la promesa anterior (Juan 14:12, 13) confirmada en el libro de los Hechos. Treinta años después de su ascensión leemos que "*todos* los enfermos en la Isla de Malta fueron sanados" (Hechos 28:9).

4. Su actitud actual es revelada por el hecho que la sanidad es parte del Evangelio que Cristo ordenó predicar:
A "TODO EL MUNDO"
A "TODAS LAS NACIONES"
A "TODA CRIATURA"
"TODOS LOS DIAS HASTA EL FIN DEL MUNDO"
Esta comisión es seguida por la promesa que: "sobre los enfermos pondrán sus manos, y sanarán".

5. Su actitud actual es revelada por el hecho, que la obra substitutiva de Cristo en el Calvario fue a favor de todos los que vivieran en la tierra durante su exaltación. Hemos visto en el sermón anterior que, como Levítico regis-

tra que la expiación fue la base para efectuar toda sanidad, así también Mateo nos dice que la Expiación fue la razón por la cual Cristo no hizo excepciones, sanando a todos los que venían a El.

6. Su actitud actual es revelada en su promesa registrada en Santiago 5:14, "¿Está alguno enfermo entre vosotros? Llame a los ancianos de la iglesia, y oren por él, ungiéndole con aceite en el nombre del Señor". ¿Oraremos con fe o sin fe? ¿Cómo oraremos "la oración de fe" a menos que no sea Su voluntad sanarnos? ¿Cómo nos pedirá El que oremos por algo que El no está dispuesto a hacer? En este pasaje aun los laicos son instados a confesar sus faltas y orar los unos por los otros para recibir sanidad, siguiendo el ejemplo de Elías cuando oró fervientemente por lluvia (Stgo. 5:16-18).

7. Su actitud actual es revelada por el hecho que desde su exaltación El estableció en la iglesia maestros, milagros, dones de sanidad... etc., para la continuación "de las mismas obras" y de "obras mayores". La historia registra la manifestación de estos dones de milagros desde la era de los apóstoles hasta el presente.

8. Su actitud actual acerca de nuestras enfermedades es revelada por el hecho que su exaltación, su compasión no ha sido quitada o modificada.

Si la sanidad en el Nuevo Testamento, se encuentra en todas partes como misericordia (ya hubiera sido misericordia o compasión lo que movió a Jesús a sanar a todos los que venían a El) ¿no es cierto todavía que El es "grande en misericordia con *todos* los que le invocan?" ¿O no disfrutaremos mucho más de misericordia y compasión en esta gloriosa dispensación del Evangelio? El Rev. Kenneth Mackenzie, maestro y escritor Episcopal, pregunta: ¿Podrá el amoroso Hijo de Dios, quien tuvo compasión por los enfermos y sanó a todos los que necesitaban salud, dejar de interesarse por los sufrimientos de los suyos ahora que ha sido exaltado a la Diestra del Padre?

¿Acaso no es extraño que en esta mejor era, de gracia, algunos puedan asumir la posición que la manifestación de la compasión de Cristo haya sido quitada o modificada? Si Dios no está dispuesto a mostrar su misericordia, sanando a sus *adoradores* como muestra su misericordia, perdonando a sus *enemigos*, tendríamos que concluir que el desea mejor, mostrar su misericordia con los hijos del diablo que con sus propios hijos. El testimonio de las Escrituras es diferente: "La misericordia (compasión) del Señor es desde la eternidad y hasta la eternidad sobre los que le temen (no con los pecadores solamente)". El ama a sus hijos enfermos y sufrientes aún más que a los pecadores. Gracias a Dios por "su misericordia sobre todas las generaciones".

9. Su actitud actual es revelada por el hecho que en el Año del Jubileo en el Antiguo Testamento (-el cual Jesús aplica a la era del Evangelio en Lucas 4): *"todos"* los hombres eran llamados a regresar a sus posesiones. En el Año del Jubileo las bendiciones eran para *"todos los hombres"*. Por lo tanto, en la era del Evangelio las bendiciones son para *"toda criatura"*.

10. Su actitud actual es revelada por el hecho que: "El *nos* redimió (a todos nosotros) de la maldición de la ley" (Gálatas 3:13). Esto incluye todas las enfermedades conocidas en la historia. Toda vez que hemos sido redimidos de esta maldición, no tenemos que permanecer en ella.

11. Su actitud actual es revelada por el hecho que el Espíritu Santo y su obra en nosotros: "es las arras de nuestra herencia hasta la redención de la posesión adquirida" (Efesios 1:14). Ya hemos dicho que debido a que nuestro destino eterno es espiritual y físico, también lo *tiene que ser* nuestra redención. Pablo nos dice que *"tenemos* los primeros frutos del Espíritu", y éstos se manifiestan física y espiritualmente. Los "primeros frutos del Espíritu" incluyen las arras de la inmortalidad, lo cual es un anticipo de la resurrección. Como nuestros cuerpos son miembros de Cristo, su vida física glorificada está tan ligada con nuestros cuerpos como su vida espiritual está ligada con nuestros espíritus. La misma vida que está en la vid, está en las ramas. En Cristo (-"la Vid Verdadera"-) hay vida espiritual y física. De la única forma que el Espíritu puede ser las "arras de nuestra herencia" en nuestro cuerpo, es trayendo a nuestros cuerpos parte de la misma vida que El nos traerá en la resurrección. Si nuestra herencia incluye un cuerpo glorificado, ¿cuáles serían las "arras"? Gracias a Dios, "también, la vida de Cristo" puede "ser manifestada en nuestros cuerpos mortales"; la vida *inmortal* tocando nuestros cuerpos *mortales* con

un anticipo de la redención, para permitirnos terminar nuestra carrera y poder "recibir una herencia completa".

12. La naturaleza misma nos revela la presente actitud de Cristo con relación a la sanidad de nuestros cuerpos. Enseguida que algún gérmen de enfermedad entra a nuestros cuerpos, la naturaleza comienza a expulsarlo. Si se rompe un hueso o se corta un dedo, la naturaleza hace todo lo posible por sanarlo, y casi siempre tiene éxito. Ahora bien, vamos a suponer por un momento, que la enfermedad es la voluntad de Dios para sus hijos; ¿no significaría ésto que Dios ha ordenado a la naturaleza que se rebele, contra Su propia voluntad?

Si es como algunos piensan, que la voluntad de Dios para sus hijos fieles es la enfermedad, entonces es pecado que ellos deseen sanarse, sin mencionar los miles de dólares invertidos en este propósito. Agradezco a Dios grandemente por toda la ayuda que los enfermos han recibido por parte de los médicos, cirujanos, hospitales y enfermeras. Pero si la enfermedad es la voluntad de Dios, como citara un escritor: "Cada médico es un transgresor de la ley; cada enfermera está desafiando al Altísimo; y cada hospital es un lugar de rebelión, en vez de un lugar de misericordia. Por lo cual, en vez de *apoyar* a los hospitales, deberíamos hacer todo lo posible por *cerrar* cada uno de ellos".

Si la teología moderna de aquellos que enseñan que Dios quiere que sus adoradores permanezcan enfermos para su gloria, es correcta; entonces podemos decir que Jesús, durante su ministerio terrenal, nunca tuvo inconveniente en robarle al Padre toda la gloria que pudo, sanando a *todos* los que venían a El. Igualmente, el Espíritu Santo le robó al Padre toda la gloria que pudo, sanando a los enfermos en las calles de Jerusalén. Pablo también le robó gloria a Dios, sanando a *todos* los enfermos en la Isla de Malta.

Muchos sostienen que Dios aflige aun a los obedientes porque les ama haciendo de la enfermedad una prueba de su amor. Si esto fuera cierto, ¿por qué tratan de deshacerse de su prueba de amor, y no oran para que sus familiares reciban la misma bendición?

¿No es cierto que Dios usa la enfermedad para castigar a su pueblo? ¡Claro que si! Cuando desobedecemos a

Dios, la enfermedad es permitida como disciplina, pero Dios nos ha enseñado cómo eliminarla y prevenirla: "Si, pues, nos examinásemos a nosotros mismos, no seríamos juzgados; mas siendo juzgados, somos castigados por el Señor, para que no seamos condenados con el mundo" (I Corintios 11:31, 32). Estos castigos vienen para salvarnos del juicio final, pero cuando vemos la causa del castigo y nos alejamos de ella, Dios promete que el mismo será quitado. Tan pronto "nos examinamos a nosotros mismos" o aprendemos nuestra lección, la promesa absoluta es que "no seremos juzgados". Si nos juzgamos a nosotros mismos, evitaremos el castigo. La sanidad divina no es una promesa incondicional para todos los cristianos; es para aquellos que creen y son obedientes: "Todas las sendas de Jehová son *misericordia* y verdad, para *los* que guardan su pacto y sus testimonios" (Salmo 25:10).

13. Su actitud es demostrada ahora por el hecho que "El fue manifestado para destruir las obras del diablo" (I Juan 3:8). Pensemos en todo el sufrimiento y sacrificio que siguieron después que Cristo abandonó el cielo para hacerse hombre. ¿Cuál fue el propósito que lo movió a hacer todo esto? Las Escrituras nos dan la respuesta: *"Para esto* apareció el Hijo de Dios, para deshacer las obras del diablo". Este propósito incluye la sanidad de *"todos"* los oprimidos por el diablo" (Hechos 10:38). Si él no abandonó su propósito cuando sudaba "como gotas de sangre" en el Getsemaní, o cuando sufría las torturas del Calvario, no lo hará ahora que ha sido glorificado. Su voluntad es que el "cuerpo de Cristo" sea sanado. Por eso ordenó a los miembros de Su cuerpo que fueran ungidos en *Su nombre*, para recibir sanidad.

Si "el cuerpo es para el Señor", un "sacrificio vivo" ¿no querrá El, un cuerpo saludable en vez de uno quebrantado? Si así no fuera, ¿cómo "nos perfeccionará para toda buena obra para hacer su voluntad? ¿Será su voluntad el que "abundemos en toda buena obra"; que estemos "preparados para toda buena obra", "celosos de buenas obras" y "cuidándonos de mantener las buenas obras" solamente para hombres y mujeres saludables? Si es para todos, El tendrá que sanar al enfermo para hacer ésto posible y que ningún hombre confinado a una cama puede "abundar para toda buena obra".

14. Su actitud actual es revelada en la misma definición de la palabra salvación. La palabra Griega para salvación, *"soteria"*, implica liberación, preservación, sanidad, salud y perfección. En el Nuevo Testamento se aplica algunas veces al alma y otras solamente al cuerpo. La palabra Griega *"sozo"* traducida "salvo", también significa "sanado", "en completa salud". En Romanos 10:9 se traduce "salvo", y en Hechos 14:9 se traduce "sano" refiriéndose a la sanidad del cojo de nacimiento. Las dos palabras Griegas para "salvación" y "salvo" se refieren igualmente a la salvación física y espiritual. En Efesios 5:23 Pablo declara, "El es el Salvador del cuerpo".

En su anotación al pie de la palabra "salvación", el Dr. Scofield explica, "Salvación es là gran palabra inclusiva del Evangelio; la cual reune y expresa en sí misma todos los actos y procesos redentores".

Por lo tanto, esta palabra implica nuestra posesión y disfrute de todas las bendiciones reveladas en Sus siete nombres de redención. Estos nombres fueron dados precisamente para mostrarnos todo lo que nuestra *salvación* incluye. Es, entonces, el Evangelio de sanidad para el cuerpo, así como para el alma, el cual "es poder de Dios para salvación a *todo aquel que* cree; al Judío primeramente, y *también al Griego*". "El mismo Señor sobre *todo* es rico para con *todos* los que le invocan".

4

LA COMPASION DE DIOS

"Clemente y misericordioso es Jehová, lento para la ira, y grande en misericordia. Bueno es Jehová para con todos, y sus misericordias sobre todas sus obras". (Salmo 145:8, 9)

En el estudio de la compasión del Señor podemos encontrar una hermosa revelación de la disposición de Dios para sanar. Durante su ministerio terrenal, Cristo "fue movido a compasión" y sanó a todos "los que tenían necesidad de sanidad". Este Jesús que dijo: "os conviene que yo me vaya", es el mismo que está ahora sentado a la diestra del Padre, "para venir a ser misericordioso y fiel Sumo Sacerdote" de nosotros.

En las Escrituras, compasión y misericordia significan lo mismo. El nombre hebreo *"rachamin"*, es traducido igualmente como compasión y misericordia. El verbo griego *"eleeo"* se traduce "ten misericordia" y "ten compasión". Asimismo, el adjetivo griego *"eleemon"* es definido como "misericordioso o compasivo".

Tener compasión es *amar con ternura, tener lástima y mostrar misericordia.*

El texto que hemos mencionado del Salmo 145:8 comienza diciendo: "clemente y misericordioso es Jehová". Este sentir respecto a la naturaleza de Dios es expresado una y otra vez a través de las Escrituras. Dios es Amor. Las declaraciones más ilustres de las Escrituras acerca de nuestro Padre Celestial son las concernientes a su amor, su misericordia y su compasión. No hay otra cosa que nos pueda inspirar más. He visto como la fe crece grandemente cuando la verdad del amor y la compasión de Dios comienza a hacer eco en las mentes y corazones de las gentes. No es lo que Dios *puede* hacer, sino lo que *anhela* hacer, ésto es lo que inspira la fe.

La Compasión de Dios

Jesús expuso el corazón compasivo de Dios sanando a los enfermos, y Satánas ha tratado engañosamente de mantener escondida esta gloriosa verdad; él ha publicado la anti-bíblica, ilógica y gastada patraña, que la era de los milagros ha pasado y casi ha logrado eclipsar de los ojos del mundo la compasión de Dios. La teología moderna engrandece más el *poder* de Dios, que su *compasión;* la Biblia invierte esta tendencia y engrandece más el deseo de Dios de usar su poder que el poder mismo. En ninguna parte de la Biblia dice: "Dios es poder", más bien *dice:* "Dios es *Amor".* No es la fe en el *poder* de Dios lo que nos asegura sus bendiciones, sino la fe en su *amor* y en su *voluntad.*

Nuestro texto declara que el Señor es clemente o lo que quiere decir que El está dispuesto hacer favores. Este glorioso hecho, que brilla a través de toda la Escritura ha sido tan eclipsado por la teología moderna que oímos por dondequiera que el Señor *"puede"* en vez de "el Señor es *clemente".* Cientos de enfermos han venido o escrito declarando que "el Señor puede". Pero sus enseñanzas, al igual que su ignorancia, les han impedido reconocer que el Señor está *dispuesto.* El *diablo* sabe que Dios puede y que está dispuesto, pero él no quiere que la *gente* sepa esto. A Satanás no le molesta que engrandezcamos el poder del Señor, porque él sabe que ésto no es una base suficiente para la fe. El sabe, en cambio, que Su compasión y voluntad sí lo son.

Antes de orar por los enfermos tenemos que enseñarles que "el Señor es clemente". Esto fue exactamente lo que hizo Jesús cuando oró por el leproso que dijo: "si quieres, puedes limpiarme". Cristo mostró su deseo de sanar, para que el leproso confiara en que recibiría sanidad.

En el sermón anterior presentamos diferentes pasajes bíblicos como prueba que Dios desea sanar; aunque podamos avanzar desde "el Señor puede", hasta "el Señor está dispuesto", ésto no es suficiente; la palabra "dispuesto" no puede expresar totalmente la actitud misericordiosa de Dios hacia nosotros. "El se *deleita* en misericordia" dice Miqueas 7:18; su actitud se encuentra mejor expresada en II Crónicas 16:9, "Los ojos de Jehová contemplan toda la tierra, para mostrar su poder a favor de los que tienen corazón perfecto para con El"; este texto presenta a nuestro Señor no solamente *dispuesto,* sino *ansioso* de derramar abundantes bendiciones sobre todos los que las desean; "los ojos de Jehová contemplan toda la tierra"; en otras palabras, El siempre está buscando oportunidades para satisfacer su corazón benévolo porque "el se *deleita* en misericordia".

La benevolencia es un gran atributo de Dios; si queremos agradar a Dios, tenemos que quitar de en medio todos los obstáculos que puedan impedir el ejercicio de su benevolencia. El es infinitamente bueno y existe eternamente en un estado de entera consagración para derramar sus bendiciones sobre sus criaturas; supongamos que el Océano Pacífico se elevara a un nivel más alto que nosotros, tratemos de imaginarnos ahora, toda la presión que ejercería sobre cualquier hendidura o hueco que le hiciera posible derramar sus olas sobre la tierra, y tendríamos un cuadro de la benevolente actitud de Dios hacia nosotros.

Un Serio Desafío

Después de haber sido adecuadamente informado, yo desafío al lector para que se coloque en el lugar donde la misericordia de Dios le pueda alcanzar sin que El tenga que violar los gloriosos principios de su gobierno moral; entonces, espere y se verá experimentando la más extraordinaria demostración de Su amor y misericordia y las bendiciones fluirán hasta que hayan alcanzado el límite de su esperanza. Cornelio se colocó en esta situación cuando le dijo a Pedro: ". . . todos nosotros estamos aquí en la presencia de Dios, para oír todo lo que Dios te ha mandado"; la bondad de Dios para Cornelio fue tan grande que El no pudo esperar hasta que Pedro terminara su sermón; cuando él hubo oído lo suficiente como para basar su fe, Dios envió su bendición.

No solamente Dios *puede*, sino que está *dispuesto* a dar "mucho más abundantemente de lo que pedimos o entendemos"; Su amor es tan grande que no se satisface bendiciendo a todas las criaturas santas del universo, su amor se extiende aun a sus enemigos "a través de toda la tierra". Me parece a mí que Dios prefiere que dudemos de su habilidad en vez de dudar de su disposición. Yo prefiero que un hombre con problemas me diga: "Hermano Bosworth, si usted pudiera, yo sé que me ayudaría" (dudando de mi habilidad), en vez de que me diga: "Yo sé que usted puede, pero no confío en su disposición para ayudarme".

Volviendo al texto que encabeza este capítulo, el mismo dice que Dios es "clemente y misericordioso, lento para la ira y grande en misericordia"; cuando pienso cómo el Señor inunda *nuestros* corazones con su tierno amor; y que, aun cuando intercedemos por otros no somos capaces de expresar nuestro sentir (gemidos indecibles), me detengo en temor reverente y me maravillo de *Su* infinita compasión. La compasión de la madre, por el hijo que sufre la mueve, no solamente a aliviar el dolor de su hijo, sino a sufrir con él, si no puede ayudarlo. La palabra griega *"sumpathes"* (traducida como compasión) significa sufrir con otra persona. Isaías dice: "En todas sus aflicciones, El fue afligido", es extraño que la maravillosa misericordia de Dios hacia el enfermo, claramente vista y aplicada durante las épocas más obscuras del Antiguo Testamento, sea ignorada en esta mejor era donde existe la posibilidad de la más completa manifestación de su misericordia para suplir toda la necesidad humana.

Nuestro texto culmina diciendo: "Bueno es Jehová para con *todos*, y sus misericordias sobre *todas* sus obras"; en otras palabras, la compasión de Dios es tan grande que El no puede hacer acepción de personas al impartir sus misericordias: "Como el padre se compadece de *los hijos*, se compadece Jehová *de los que le temen*"; "Como la altura de los cielos sobre la tierra, engrandeció Jehová su misericordia sobre los que le temen". El cristiano enfermo puede decir como Salomón: ". . . no hay Dios semejante a ti . . . que guardas el pacto y la misericordia *con tus siervos* que caminan delante de ti de todo su corazón" (II Crónicas 6:14); "*Todas* las sendas de Jehová son *misericordia* y verdad (no para sus enemigos, sino) *para todos los que guardan su pacto* y sus testimonios" (Salmo 25:10).

Consideremos algunos pasajes en los Evangelios que muestran la compasión de Dios:

"Y vino a El un leproso, rogándole; e hincada la rodilla, le dijo: Si quieres, puedes limpiarme. Y Jesús, teniendo misericordia de él, *extendió la mano y le tocó, y le dijo: Quiero, sé limpio. Y así que El hubo hablado, al instante la lepra se fue de aquél, y quedó limpio. Entonces le encargó rigurosamente, y le despidió luego, y*

le dijo: Mira, no digas a nadie nada, sino vé, muéstrate al sacerdote, y ofrece por tu purificación lo que Moisés mandó, para testimonio a ellos. Pero ido él, comenzó a publicarlo mucho y a divulgar el hecho, de manera que ya Jesús no podía entrar abiertamente en la ciudad, sino que se quedaba afuera en los lugares desiertos; y venían a El de todas partes". Marcos 1:40-45

"Oyéndolo Jesús, se apartó de allí en una barca a un lugar desierto y apartado; y cuando la gente lo oyó, le siguió a pie desde las ciudades. Y saliendo Jesús, vio una gran multitud, y **tuvo compasión de ellos**, *y sanó a los que de ellos estaban enfermos".* Mateo 14:13, 14

Vemos en estos versículos que Dios es "grande en misericordia" para "todos los que necesitan sanidad" y su compasión hizo que los sanara.

"Al salir ellos de Jericó, le seguía una gran multitud. Y dos ciegos que estaban junto al camino, cuando oyeron que Jesús pasaba, clamaron, diciendo: ¡Señor, Hijo de David, ten **misericordia** *de nosotros! Y la gente les reprendió para que callasen; pero ellos clamaban más, diciendo: ¡Señor, Hijo de David, ten misericordia de nosotros! Y deteniéndose Jesús, los llamó, y les dijo: ¿Qué queréis que os haga? Ellos le dijeron: Señor, que sean abiertos nuestros ojos. Entonces Jesús,* **compadecido**, *les tocó los ojos, y en seguida recibieron la vista; y le siguieron".*

Mateo 20:29-34

Los dos ciegos pidieron misericordia para que sus ojos **fueran** abiertos y Jesús les concedió su petición probando que la sanidad es una misericordia, como lo es el perdón; cuando el enfermo buscaba *salud* en aquellos días, pedía *misericordia;* en nuestros días la mayoría de la gente aplica la misericordia solamente al pecador, ignorando que Su misericordia se extiende también al enfermo.

Pablo, quien llama a Dios el "Padre de la misericordia", lo demuestra sanando a todos los enfermos en la Isla de Malta. Jesús dijo: "Bienaventurados los misericordiosos (compasivos) porque ellos alcanzarán misericordia"; Job fue sanado cuando oró por sus amigos, de acuerdo a la bienaventuranza, Job obtuvo misericordia cuando él mismo mostró misericordia; refiriéndose a ésto, Santiago 5:11 dice: "El Señor es muy misericordioso y compasivo", e instruye a la Iglesia diciendo: "¿Está *alguno enfermo* entre *vosotros?* Llame a los ancianos de la Iglesia . . .". En otras palabras, porque "el Señor es muy misericordioso y compasivo" cualquier enfermo en la Iglesia de hoy puede venir, como Job, y obtener sanidad. Habiéndonos ya provisto de todo lo que necesitamos, Jesús nos dice como le dijo a los ciegos: ¿"Qué queréis que os haga"?

Jesús también tuvo misericordia del endemoniado gadareno poseído de una legión de demonios; este endemoniado se cortaba a sí mismo con piedras y rompía las cadenas con las cuales trataban de amarrarlo; después de haber sido liberado (sentado, vestido, y en su juicio cabal) su gozo era tal que le pedía a Jesús que le permitiera irse con El; "Mas Jesús no se lo permitió, sino que le dijo: vete a tu casa, a los tuyos, y cuéntales cuán grandes cosas el Señor ha hecho contigo, y cómo ha tenido *misericordia* de ti. Y se fue y comenzó a *publicar* en Decápolis cuán grandes cosas había hecho Jesús con él, y todos se maravillaban" (Marcos 5:19-20).

Veamos ahora en Mateo 15:30-31 los resultados del testimonio de este hombre el cual se dedicó a publicar la misericordia del Señor.

"Y se le acercó mucha gente en Decápolis que traía consigo a cojos, ciegos, mudos, mancos, y otros muchos enfermos; y los pusieron a los pies de Jesús, y los sanó; de manera que la multitud se maravillaba, viendo a los mudos hablar, a los mancos sanados, a los cojos andar, y a los ciegos ver; y glorificaban al Dios de Israel".

No fue el hecho de estar enfermos, sino de ser curados lo que produjo que las multitudes "glorificaran al Dios de Israel"; cuanta más gloria recibiría Dios, así como el mundo recibiría bendiciones, si cada ministro presentara claramente las promesas bíblicas de sanidad para el enfermo, y los que son sanados publicaran la compasión del Señor cada uno en su propia "decápolis". Miles de enfermos recibirían fe en Cristo para ser sanados; los peores críticos y los modernistas perderían su popularidad rápidamente y los cultos de sanidades falsas no apartarían de las iglesias a las multitudes, que ahora han sido confundidas.

Algunos escriben artículos oponiéndose a que publiquemos los testimonios de los que han sido milagrosamente sanados. ¿Cuál es el problema? Estamos obedeciendo el mandato del Señor de "anunciar *sus* hechos entre las gentes"; ya que Jesús murió proveyendo su misericordia para todas las necesidades del hombre, es definitivamente necesario que estemos dispuestos a anunciarlo.

Podemos notar en los versos que citamos anteriormente, que como resultado de los milagros de sanidad, la fama de Jesús se difundía, *"y venían a El de todas las partes";* y "le seguían a pie desde las ciudades" y "grandes multitudes venían a El", hoy ocurre lo mismo, en seguida que se sabe en alguna ciudad que "este mismo Jesús" está sanando a los enfermos (cuando su mandamiento es obedecido y se publican sus hechos y su compasión) la gente viene de todas partes. Nunca he visto otra cosa que pueda derribar barreras y traer gente de todas partes como la manifestación de la compasión del Señor sanando a los enfermos; hemos visto en nuestros avivamientos que cuando el público se entera que "el mismo Jesús" está haciendo estas obras, vienen de todas partes: Metodistas, Bautistas, Católicos, Ciencia Cristiana, Iglesias Unidas, Espiritualistas, Judíos, pobres y ricos. Multitudes oyen el Evangelio y rinden sus vidas al Señor, el cual nunca asistiría a estos avivamientos si no hubieran sanidades milagrosas, que revelaran su compasión.

Si Cristo y sus discípulos no podían atraer a las multitudes sin milagros, ¿cómo lo vamos a hacer nosotros? El "ministerio de sanidad" no nos desvía de la salvación del alma, lo cual es más importante. Pero hemos visto más conversiones en una semana, que las que pudimos ver en todo un año de trabajo evangelístico, durante los trece años antes que el Señor nos dirigiera a predicar esta parte del Evangelio, en una forma más audaz y pública. Cientos de personas vienen cada noche a dar sus corazones y vidas a Dios, y ciudades enteras hablan de Jesús en seguida que comenzamos nuestros avivamientos. Algunos evangelistas que han estado en nuestras reuniones de avivamiento, están de acuerdo ahora con nosotros, confirmando esta verdad en sus propias reuniones.

La Compasión de Dios

Durante las siete semanas de avivamiento en Ottawa, Canadá (antes de escribir este libro) miles vinieron para recibir sanidad y cerca de doce mil personas fueron salvas. Creo que ni siquiera mil personas hubieran venido para ser salvos si no hubiera sido por los milagros de sanidad que expusieron la compasión del Señor. La ciudad y el campo fueron conmovidos como nunca antes en su historia. El mayor gentío que jamás se había conglomerado en reuniones religosas en Canadá, llenó el auditorio recién construido de un valor de un millón de dólares, el más grande en toda la ciudad; la asistencia fue de casi diez mil por noche y en la contracarátula de este libro podemos ver una fotografía de una de estas reuniones. Antes de abandonar la ciudad, recibimos cientos de cartas de aquellos que habían sido sanados de diferentes clases de enfermedades o aflicciones. ¡A Dios sea toda la gloria!

Un evangelista Bautista (quien entre otros evangelistas convencidos, comprueba esta verdad) ha publicado en uno de sus diez tratados acerca de este asunto, que la sanidad es el factor evangelístico más grande que el Señor jamás ha usado y que él jamás volverá a la forma antigua (más bien nueva) por todo el dinero del mundo.

Consideremos ahora otro pasaje acerca de la compasión del Señor:

*Recorría Jesús todas las ciudades y aldeas, enseñando en las sinagogas de ellos, y predicando el evangelio del Reino, y sanando toda enfermedad y toda dolencia en el pueblo. Y al ver las multitudes, tuvo compasión de ellas; porque estaban desamparadas y dispersas como ovejas que no tienen pastor. Entonces dijo a sus discípulos: A la verdad la mies es mucha, mas los obreros pocos. Rogad, pues, al Señor de la mies, que envíe obreros a su mies. Entonces llamando a sus doce discípulos, les dio autoridad sobre los espíritus inmundos, para que los echásen fuera, y para sanar toda enfermedad y toda dolencia...
Id, predicad... sanad a los enfermos...".*
Mateo 9:35 a 10:1, 8

La compasión de Jesús por los enfermos es tan conocida que la "mies" se ha hecho demasiado grande para un sólo **Segador**. Su corazón compasivo fue conmovido por el número creciente de aquellos que no podían alcanzarlo debido a la muchedumbre: "Cuando El vio las multitudes, tuvo compasión de ellas". El solamente podía ministrarles a algunos de ellos y Su compasión por todos los demás hizo que designara a otros obreros para que sanaran y predicaran. *"Su* mies" no es solamente de la misma clase en nuestros días, sino que es mucho mayor que cuando El ministraba. Por esta misma razón su compasión es la misma y El busca la misma clase de segadores que produzcan los mismos resultados, predicando y sanando en "todas las ciudades y aldeas". Su compasión, manifestada a través de sus doce nuevos obreros, necesitó rápidamente la designación de otros setenta comisionados para predicar y sanar; obreros como éstos son escasos en nuestros días. Lo que El comenzó "a hacer y a enseñar" es exactamente lo que El quiere que se haga y se enseñe dondequiera; en vez de estar terminando algo, de acuerdo a la idea moderna. El está comenzando algo; lo mismo que El prometió que continuaría y aumentaría (no el Evangelio del siglo veinte) sino *"este* Evangelio" que El proclamó y que sería "predicado en todo el mundo".

Enfáticamente Jesús enseñó y prometió en Juan 14:12 y 13 que la misma misericordia y compasión puede alcanzar a otros a través de nuestras oraciones. De hecho, su partida dio lugar para que su compasión fuera manifestada en una escala mucho mayor. Isaías profetizó de El diciendo: "Por tanto, El será exaltado teniendo de nosotros misericordia". Jesús dijo: "Os conviene que yo me vaya"; ésto no hubiera sido cierto si su partida hubiera retirado o modificado la manifestación de su compasión para con los enfermos.

Todo aquel que enseña, que la sanidad no es para todos los que la necesitan, como lo era en el pasado, está virtualmente enseñando que la compasión de Cristo hacia los enfermos ha sido cambiada desde su exaltación. Peor aún, otros enseñan que su compasión para sanar ha sido totalmente eliminada. Para mí es un misterio que cualquier ministro asuma una posición que esconda o interfiera con la manifestación del más grande atributo de la Deidad, su compasión, la cual es el Amor Divino en Acción. Cuando Pablo hace un enérgico llamado a que nos consagremos más, dice: "Os ruego por las *misericordias* de Dios", el cual es la manifestación de su más grande atributo.

Dos Preguntas Muy Importantes

Jesús dijo: "Mas cuando El venga, el Espíritu de Verdad . . . El me glorificará". ¿Podrá el Espíritu Santo glorificar a Cristo diciéndole a los enfermos que la era de los milagros ha pasado, o que Jesús ha retirado o modificado su ministerio de sanidad después que El mismo prometió hacer *"las* obras y mayores obras" en esta era? ¿Habrá venido el Espíritu a magnificar a Cristo modificando su ministerio al enfermo y hermano sufriente, siendo Cristo mismo el Sumo Sacerdote, contrario a la glorificación del Dios de Israel en Decápolis, como resultado de la sanidad de las multitudes? Si es así, entonces, es correcto orar para que el enfermo tenga fortaleza y paciencia para llevar su enfermedad en vez de hacer la "oración de fe".

Es en su oficio como Sumo Sacerdote que Jesús habla desde el cielo siete veces diciendo: "El que tiene oído, oiga lo que el Espíritu dice a las iglesias". Hoy día el hombre contradice al Espíritu Santo. El Espíritu Santo dice: "Por lo cual debía ser en todo semejante a sus hermanos, para venir a ser misericordioso y fiel *Sumo Sacerdote* en lo que a Dios se refiere, para expiar los pecados del pueblo" (Hebreos 2:17).

Ya hemos mostrado que ambas palabras, "misericordioso" y "compasivo" son la definición del adjetivo griego *"eleemon"* el cual se traduce "misericordioso" en Hebreos 2:17. Este verso no se refiere a la compasión de Cristo manifestada durante su ministerio terrenal. Más bien se refiere a su ministerio desde el cielo y al hecho que se encarnó con el propósito de mostrar compasión, como nuestro Sumo Sacerdote, después de retornar al cielo. Todo lo que Jesús comenzó a hacer y a enseñar hasta el día de su ascensión es lo que El prometió continuar haciendo y aun cosas mayores, después de su partida. Todo se lo debemos a su inalterable compasión.

El Espíritu glorifica a Cristo diciendo que El es "Jesucristo, el mismo ayer, hoy y por los siglos"; adoremos al Señor porque su compasión es la misma y porque cuando considera nuestras enfermedades, El es "compasivo" y anhela ayudarnos.

Por supuesto que nosotros reconocemos y le agradecemos a Dios el hecho que muchos de los que no creen en sanidad divina, *sí* cooperan con el Espíritu en lo que concierne a la salvación del alma, lo cual es más importante. Pero, cuánto más glorioso no sería si todos los ministros y cristianos se unieran para cooperar con el Espíritu Santo en la proclamación de la sanidad, lo cual es una expresión del Espíritu Santo, en su oficio de glorificar al Cristo exaltado. En vez de pasar de largo, como hicieron el sacerdote y el levita, Santiago cinco nos insta a que, como el Buen Samaritano, tengamos compasión ministrando a las necesidades físicas del enfermo y afligido, cubriendo las heridas y derramando el bálsamo del vino y del aceite (la *Palabra* y el *Espíritu* de Dios) pues: "El envió su Palabra y los sanó" por el poder de su Espíritu. Jesús pronunció un ¡ay! sobre los Escribas y los Fariseos por haber omitido cosas de tanto más valor, como la *misericordia* y la fe.

En el capítulo cinco de los Hechos tenemos otra prueba en cuanto a que la compasión de Cristo no ha cambiado. Refiriéndose a las multitudes en las calles de Jerusalén, en los días después de Su ascensión al Padre, leemos que *"todos eran sanados";* nuevamente vemos cómo nuestro Sumo Sacerdote *en los cielos,* hizo exactamente lo mismo que hizo antes de su partida. Aun en los cielos, Jesús es movido a compasión, sanando a todos los que necesitan sanidad.

Después de ser glorificado, su compasión por el enfermo, hizo que otorgara dones de fe, milagros y sanidades en la Iglesia. Usando las palabras del Revdo. W.C. Stevens: "Encontramos, como una consecuencia y *una necesidad* , 'los dones de sanidad', tomando una prominencia y un rango tales como ocurrió en el ministerio personal de nuestro Señor en la tierra".

Aun los Laicos Pueden Orar por los Enfermos

Fue su compasión lo que hizo que nuestro Sumo Sacerdote y Cabeza de la Iglesia ordenara a los ancianos y laicos hacer la oración de fe por "cualquier enfermo" en el tiempo de la Iglesia (Santiago 5:14). Con relación a este asunto, el Redo. W.C. Stevens comenta: "Todo predicador, maestro, escritor y cualquier persona que exponga la Palabra de Vida, debe presentar esta enseñanza delante de la gente tan frecuentemente como la enfermedad misma, constantemente los confronta".

Aun durante su ministerio terrenal, nuestro Amante Salvador hubiera hecho cualquier sacrificio o sufrido aun la misma maldición, solamente para que su compasión pudiera alcanzar al más indigno y desafiante de sus enemigos. Su sudor "como gotas de sangre" en el Getsemaní y las horribles torturas del Calvario son manifestaciones de su infinita compasión. El "enfiló su rostro al Calvario". Después de haber sido entregado con el beso de Judas en las manos de sus crucificadores, y después que Pedro le cortó la oreja al siervo del sumo sacerdote, Jesús sanó a su enemigo y le ordenó a Pedro que envainara su espada. El mismo envainó hipotéticamente su propia espada, al controlar el impulso natural de su alma santa y rehusó orar pidiendo no ser crucificado, lo cual hubiera puesto a su disposición a más de doce legiones de ángeles que lo hubieran ayudado a escapar de la agonía de la cruz. Pero el resultado de ésto hubiera sido entonces, el tribunal del juicio y no el trono de misericordia para las necesidades físicas y espirituales del hombre caído. En su obra substitutiva, Jesús se anticipó a toda posible necesidad de la raza Adámica, y abrió el camino para que su misericordia alcanzase todas las fases de las necesidades humanas. El fue, y es ahora, compasivo, hacia todo aquel que necesita su presencia como "Proveedor", "Pacificador", "Vencedor", "Pastor", "Justo" y "Médico Divino", las cuales son las siete bendiciones obtenidas por la tragedia de la cruz y reveladas en sus nombres de redención. Sus Pactos, incluyendo el de sanidad, son resultados de su misericordia, "El guarda el pacto y la misericordia a los que le aman hasta mil generaciones" (Deuteronomio 7:9).

No Contristemos el Corazón de Jesús

Ignorar o dudar de su amor y compasión contrista el corazón de Jesús. Eso mismo lo hizo llorar sobre Jerusalén. A aquellos ministros que dicen que *no necesitamos milagros en estos días* (pensando que los milagros son solamente para probar la deidad de Jesús) yo les pregunto: ¿Si el cáncer estuviera destruyendo su vida, no necesitaría *usted* un milagro? Hay tanta gente ignorante acerca de este asunto, que nunca se les ocurre pensar que también para el enfermo hay misericordia. Nunca piensan en los dones de sanidad y milagros como manifestaciones de la compasión del Señor ni se acuerdan que, hora tras hora, día tras día, por tres años sanó a todos los que vinieron a El, *debido a su compasión*. ¿Es que acaso las necesidades de los que hoy sufren, no son las mismas de los que sufieron en el pasado? ¿No necesitan ellos tanta compasión ahora, como la que necesitaron otros, en el pasado?

Pensemos en el sinnúmero de personas desesperadas, sufrieron con tan inmensa agonía, que aceptarían la muerte como una misericordia; a quienes los médicos, después de haber hecho todo lo posible, se ven obligados a decirles: "No puedo hacer nada más por ustedes", qué hermoso es saber que en todo momento la compasión de Cristo es idéntica a la que manifestó durante los tres años de su ministerio de amor en la tierra, un hecho en el cual podemos descansar completamente.

Hemos demostrado que la sanidad del cuerpo es una *misericordia* que Cristo - quien fue la expresión de la voluntad del Padre— otorgó a todos los que la buscaron. "El Señor es grande en *misericordia* para *todos* (incluyendo al enfermo) los que claman a El", porque su misericordia "permanece para siempre" y es "desde la eternidad y hasta la eternidad". Su misericordia es "sobre *todas* sus obras". ¿No aclaran las Escrituras este asunto? En vez de decir que el tiempo de los milagros ha pasado, debemos decir: ¡"escrito está"! ¡ESCRITO ESTA!

COMO APROPIARSE DEL PACTO Y LA BENDICION EN LA REDENCION DE LA SANIDAD DEL CUERPO

(Nota: En este sermón estamos repitiendo algunas de las declaraciones o ilustraciones usadas anteriormente. Lo hemos hecho con el propósito que este sermón provea la información suficiente para establecer una base sólida para la fe; y para beneficio de aquellos que necesiten la oración de fe para su sanidad, antes de haber completado la lectura de este libro).

El Primer Paso

El primer paso para obtener sanidad es el mismo primer paso que hay que dar para obtener salvación, o cualquier otra bendición prometida. Nos referimos a que el enfermo debe conocer lo que la Biblia enseña claramente: que la voluntad de Dios es sanarnos hasta que hayamos completado el número de años que se nos ha designado. Cada individuo tiene que estar convencido por la Palabra de Dios, que su sanidad es la voluntad de Dios ya que la más pequeña duda hará imposible una fe real.

Es imposible demandar por fe una bendición, la cual no estamos seguros que Dios ofrece. El poder de Dios puede ser reclamado únicamente donde *la voluntad de Dios* es conocida. Por ejemplo, sería casi imposible convencer al pecador de "creer para justicia" antes de haberle convencido totalmente que es la voluntad de Dios salvarlo. La fe comienza donde la voluntad de Dios es conocida. La fe debe descansar únicamente en la voluntad de Dios y no en nuestros anhelos y deseos. Apropiarse de la fe no es creer que Dios *puede*, sino que El *lo hará*.

Cuando Dios nos ordena orar por los enfermos, El quiere que lo hagamos con fe. Esto no es posible si no conocemos Su voluntad en este asunto. Mientras una persona no conoce la voluntad de Dios, la misma no tiene base para la fe, porque fe es confiar que Dios hará lo que es su voluntad hacer. Cuando tenemos fe, no es difícil conseguir de Dios que Su voluntad sea hecha.

Cuando conocemos su voluntad, no nos es difícil creer que El hará lo que estamos seguros El quiere hacer. Es de esta manera que cada creyente experimenta el glorioso milagro del nuevo nacimiento. No podemos apropiarnos por fe de las promesas de Dios hasta que no conocemos a través del Evangelio lo que ha sido provisto para nosotros.

La doctrina que más se enfatiza a través de la Palabra de Dios es la que enseña que la salvación y la sanidad del cuerpo fueron provistas por la expiación de Cristo y que es la voluntad de Dios sanar a sus hijos y "completar el número de sus días" (Exodo 23:25-26). Así como los tipos en Levítico 14 y 15 muestran *invariablemente* la sanidad a través de la *expiación*, también Mateo 8:17 declara que Jesús sanó toda enfermedad basándose en la expiación. El no podía hacer excepciones. ¿Por qué? Porque en su próxima expiación "El llevó *nuestras* enfermedades". Ya que El llevó *"nuestras"* enfermedades, se requiere la sanidad de *todos* para que se cumpla esta profecía. Dios expresó esto en un lenguaje tan claro que tendríamos que errar citando las Escrituras para ser excluidos.

¡Lo que el Calvario Provee es para Todos!

Dios usa su Palabra para salvar el alma, sanar el cuerpo y para hacer todo lo demás que El desea con un propósito: enviar Su Palabra (Su Promesa) y luego cumplir esa promesa dondequiera que Su Palabra haya producido fe. Encontramos el procedimiento divino de sanidad en el libro de los Salmos (107:20), "El envió su *Palabra* y los sanó, y los libró de su sepultura".

Es la Palabra de Dios que obra efectivamente "en los que creen, y es salud para todo su cuerpo" (vea I Ts. 2:12; Proverbios 4:22).

Así como la niña tiene fe que tendrá un vestido nuevo solamente porque oyó a su mamá decir que se lo comprará el próximo sábado, así también *nuestra* fe para ser sanos viene por el oír la Palabra de Dios o su promesa de hacerlo; no podemos esperar que la niña tenga fe para obtener su vestido nuevo, antes que su mamá se lo haya prometido. Así, tampoco nosotros podemos tener fe para sanidad, salvación, o cualquier otra promesa antes de haber escuchado la Palabra (promesa) de Dios. Son las Escrituras las que nos hacen sabios para salvación. Tenemos que creer que el Creador y Redentor del cuerpo, es también nuestro Médico antes de esperar sanidad.

El Valor de los Nombres Redentores de Dios

Los siete nombres redentores de Dios han sido dados con el propósito exclusivo de revelar a la raza adámica la actitud redentora de Dios hacia el hombre. Si El nos sana enviando su Palabra, ¿acaso no son sus Pactos y Nombres de redención, también su Palabra?

Cuando Cristo nos ordena que "prediquemos el Evangelio a toda criatura", significa que anunciemos "Las Buenas Nuevas de Redención". Sus siete nombres *redentores* revelan lo que la *redención* ha provisto. El Señor tiene muchos otros nombres, pero estos siete nombres de *redención* nunca son usados en la Escritura excepto para referirse al trato de Dios con el hombre. No son seis ni ocho, sino siete (el número perfecto) porque El es el perfecto Salvador; su Redención cubre la esfera total de las necesidades humanas. Las bendiciones reveladas por cada uno de estos nombres están todas incluidas en la expiación. Por ejemplo, Jehová-sama significa "el Señor está presente"; "ha sido hecho cercano por la sangre de su cruz".

Jehová-salom se traduce "el Señor es nuestra paz", incluida en la expiación porque "el castigo de nuestra paz fue sobre El".

Jehová-rá-ah, "el Señor es mi Pastor"; El se convirtió en nuestro Pastor dando su vida por las ovejas.

Jehová-jireh significa "el Señor proveerá" una ofrenda; Cristo mismo fue la ofrenda ofrecida en el Calvario.

El fue Jehová-nissi, "el Señor, nuestra bandera" o Victoria, al derrotar a los principados y potestades en la cruz.

El llevó nuestros pecados convirtiéndose en Jehová-sidkenu, "el Señor es nuestra justicia", abriendo el camino para que el pecador reciba el don de justicia.

Jehová-rafah se traduce "Yo Soy el Señor que te sana" o "Yo Soy el Señor tu médico". Incluido también en la expiación porque "El tomó nuestras dolencias y llevó nuestras enfermedades".

Estos siete nombres pertenecen y permanecen en Cristo y es bajo estos siete títulos que El es "el mismo ayer, hoy, y por los siglos"; todo el que viene a El buscando cualquiera de estas siete bendiciones El le dice: "El que a mí viene, yo no le echo fuera". Estas son las Buenas Nuevas que Dios quiere que prediquemos a toda criatura para que tengan el privilegio de disfrutar "de la plenitud de las bendiciones del Evangelio de Cristo".

Quiero repetir que nada supera la Palabra de Dios "establecida en los cielos", que el nombre de redención Jehová-rafah. Nadie tiene el derecho de cambiar el "Yo Soy" Jehová-rafah a "Yo *era*" porque la Palabra de Dios permanece para siempre.

Si Jehová-salom — "el Señor es nuestra paz" — es uno de los nombres redentores de Cristo, ¿no tiene cada hombre el derecho de redención, de obtener paz de El? ¿No tiene todo hombre el derecho redentor de obtener victoria de Jehová-nissi? ¿No tiene cada hombre el derecho redentor de obtener "el don de justicia" de Jehová-sidkenu? Si es así, ¿por qué no ha de tener todo hombre el derecho redentor de obtener sanidad de Jehová-rafah? A este nombre se le creyó y se le aceptó por aquellos a quienes les fue dado en primer lugar, que "no hubo enfermos entre todas sus tribus". Siempre que este estado de salud era interrumpido por sus transgresiones; en seguida que se arrepentían, hacían expiaciones y Jehová continuaba siendo Jehová-rafah *(el Sanador)*, no de algunos, sino de todos. Dios quiere que este nombre, al igual que todos los otros, sea anunciado "a toda criatura" prometiéndoles que "todos serán restaurados" porque "el Señor los levantará".

Dios confirmó su Palabra a los Israelitas que morían mordidos por las serpientes: "cualquiera que fuere mordido y mirare a la serpiente vivirá". Si la sanidad física no se ha provisto en la expiación, ¿por qué estos israelitas tenían que mirar al tipo de la expiación para ser sanados? Como su maldición fue quitada por el levantamiento del tipo de Cristo, así también la nuestra es quitada por el levantamiento de Cristo. Si el Espíritu nos ha sido dado para revelarnos a Cristo, ¿por qué no miraremos a Cristo mismo con igual o mayor esperanza que ellos miraron al tipo?

Sería beneficioso notar que ellos no podían mirar a la

serpiente de bronce y a sus síntomas, al mismo tiempo. La fe de Abraham se fortalecía mientras se nutría de la promesa de Dios; algunas personas hacen lo contrario, su fe se debilita mientras se fijan en los síntomas y olvidan la promesa. Ya que Dios sanó enviando su Palabra (la única base para nuestra fe) no obtendremos sanidad si permitimos que nuestros síntomas nos impidan esperar lo que Su Palabra promete.

El Segundo Paso

El segundo paso es estar seguro que andamos bien delante del Señor porque las bendiciones de la redención son condicionales. Después que hemos oído el Evangelio, y sabemos lo que ofrece, Jesús dice: "arrepentíos y creed en el Evangelio"; solamente los que andan bien delante de Dios pueden seguir estas instrucciones. Cuando buscamos sanidad para nuestros cuerpos, no debe haber ningún compromiso con el adversario de nuestras almas porque él es el autor de nuestras enfermedades. Jesús puede, pero no ha prometido, destruir las obras del diablo en nuestros cuerpos mientras tengamos amistad con las obras del diablo en nuestras almas. Es muy difícil ejercitar la fe para quitar una parte de las obras del diablo, mientras permitimos que peores obras permanezcan; mientras el hombre no confronte y determine el asunto de su obediencia a Dios, no puede creer completamente. Santiago dice: "Confesaos vuestras faltas unos a otros . . . para que seáis sanados"; la voluntad de Dios es "que prosperes en todas las cosas que tengas salud, así como prospera tu alma", "Si en mi corazón hubiese yo mirado a la iniquidad, el Señor no me habría escuchado". "Si nuestros corazones no nos condenan, tenemos confianza en Dios".

El mandato de "llamar a los ancianos de la iglesia", fue escrito primeramente a los cristianos que habían sido *llenos del Espíritu*. Algo anda mal cuando un hombre desea las dádivas y no al Dador. No está bien buscar su misericordia y rechazar su voluntad; sería como pedir una bendición pequeña, mientras rechazamos una mayor; es imposible que al mismo tiempo recibamos y rechacemos bendiciones Divinas.

Dios está esperando decirle a Satanás y a la enfermedad, lo mismo que le dijo al Faraón: "Deja ir a mi pueblo para que me sirva" (Exodo 7:16). "Nuestra primera consideración, en todas las cosas, aun cuando pidamos la restauración de nuestra salud, debe ser la gloria de Dios" *(Duffy).*

Fortaleza para servir a Dios es la única base genuina cuando nos acercamos a El buscando sanidad. El ungir con aceite cuando oramos por sanidad es en sí mismo una señal y símbolo de consagración. Nuestro deseo de salud debe ser para la gloria de Dios.

"¿Qué, pues, significa la unción? Busquemos en Levítico 8:10-12 y encontraremos la respuesta de Dios para esta pregunta: 'Y tomó Moisés el aceite de la unción y ungió el tabernáculo y todas las cosas que estaban en él, y las santificó', quiere decir que *las separó para Dios*. La unción con aceite en el nombre del Señor 'era un acto de dedicación y consagración. Esto implicaba, de parte del que era ungido, una entrega total a Dios; de sus manos para trabajar para Dios solamente, sus pies para caminar para El solamente, sus ojos para ver, sus labios para hablar y sus oídos para escucharlo a El solamente, y todo su cuerpo para ser templo del Espíritu Santo" *(Rvdo. R.A. Torrey).*

"Amado, yo deseo que tú seas prosperado en todas las cosas, y que tengas salud, *así como prospera tu alma*" (III Juan 2).

El Espíritu Santo nos dice primero que nos sometamos a Dios antes de decirnos que resistamos al diablo; nadie puede tener éxito resistiendo al diablo si no se ha sometido antes a Dios; cuando hacemos ésto, el diablo no simplemente se apartará de nosotros, sino que correrá, "*¡huirá de vosotros!*" (vea Santiago 4:7).

La maldición, la cual incluye las diferentes enfermedades mencionadas en Deuteronomio 28, vino sobre el pueblo porque la obediencia de ellos y el servicio a Dios no eran "con alegría y gozo de corazón"; la condición del corazón de ellos, la cual fue responsable de la maldición en aquel tiempo, no es la condición en la cual debemos acercarnos a El en nuestros días para que la maldición sea quitada.

Las Promesas de Dios son Solamente para los Obedientes

Es a aquellos que se deleitan en el Señor, a los que El les dará las peticiones de su corazón (Salmo 37:4). Dios no ha rebajado su nivel para el Día de Gracia. Es solamente para el obediente —aquellos que "atienden con diligencia a la voz del Señor" y "hacen lo que es justo delante de sus ojos". En resumen; "El Señor quitará de ti toda enfermedad" (vea Deuteronomio 7:15 y Exodo 15:26).

"Fe es la unión de nuestros corazones y nuestras voluntades con la voluntad y el propósito de Dios; y donde falta esta unidad, los resultados son imposibles. Esta es una **verdad** *espiritual muy* **importante** *de la cual hemos estado tristemente cegados en nuestro tiempo".*
Rvdo. P. Gavin Duffy

Dios dice, acerca de temer a Dios y apartarse del mal: "Porque será salud (medicina en hebreo) a tu cuerpo y refrigerio para tus huesos" (Proverbios 3:7, 8).

La fe siempre implica obediencia. Pablo escribe a los efesios que obedezcan el primer mandamiento: ". . . para que te vaya bien, y seas de larga vida sobre la tierra" (Efesios 6:3). Naamán se sometió y obedeció a la Palabra de Dios completamente antes de recibir sanidad.

Es para aquellos que caminan "en integridad" a quienes "no quitará el bien" (Salmo 84:11). Por esta razón, antes de esperar alguna cosa de Dios, tenemos que rendirnos al primer y gran mandamiento: "Amarás al Señor tu Dios con todo tu corazón . . .". Dios dice, *"por cuanto* en mí ha puesto su amor, *yo también* lo libraré" (Salmo 91:14). El "guarda el pacto y la misericordia *a los que le aman* y guardan sus mandamientos, hasta mil generaciones" (Deuteronomio 7:9). *Hagamos entonces como* el leproso y acerquémonos en *adoración* cuando busquemos sanidad.

"Largura de días hay a su *diestra (sabiduría),* y a su izquierda, riquezas y honor" (Proverbios 3:16). Vemos a la sabiduría presentada como una reina bienhechora, derramando bendiciones con ambas manos sobre aquellos que se someten a su gobierno.

"El corazón apacible (sano) *es vida de la carne*, mas la envidia es carcoma de los huesos" (Proverbios 14:30). Un corazón enfermo es peor que un estómago enfermo; un alma quebrantada es peor que un cuerpo quebrantado. Una voluntad indispuesta es peor que un hígado indispuesto. Pablo dice, "el cuerpo para el Señor" antes de decir, "el Señor es para el cuerpo". La Biblia enseña que el cuerpo "ha sido comprado por precio, por tanto, glorificad a Dios en vuestro cuerpo, y en vuestro espíritu, *los cuales son de Dios*" (I Co. 6:20). "Os ruego, hermanos, por las *misericordias* de Dios, que presentéis vuestros cuerpos en sacrificio vivo . . . que es vuestro culto racional" (Romanos 12:1). Dios promete sanar nuestro cuerpo cuando se convierte en su propiedad. Por eso tenemos que presentar nuestros cuerpos a El si queremos ser sanados.

Primero a la Cruz para Limpieza

"El camino seguro para el enfermo es, primero a la cruz para limpieza; segundo al Aposento Alto para el don del Espíritu; tercero al monte asignado para una vida consagrada; y finalmente, al Gran Médico para obtener fortaleza para el servicio". Bryant

"Y si el Espíritu de aquel que levantó de los muertos a Jesús mora *en* vosotros, el que levantó de los muertos a Cristo Jesús vivificará también vuestros cuerpos mortales por su Espíritu que mora *en* vosotros" (Romanos 8:11). En Cristo, (la Vid Verdadera) encontramos toda la vida que necesitamos para nuestras almas y cuerpos. Pero, ¿cómo podremos posesionarnos y disfrutar de esta vida a no ser por nuestra *unión* con la Vid? No es fuera de El, sino *"en El"* que estamos "completos" (Colosenses 2:10).

Substitución sin unión no es suficiente para posesionarnos y disfrutar de la vida de la Vid. Si necesita un milagro, póngase en comunión con El que obra los milagros. Disfrutamos de la vida de la Vid cuando estamos en perfecta unidad con El, la Vid Verdadera. Pedir sanidad mientras rechacemos ser guiados por el Espíritu, es como pedirle a un carpintero que haga reparaciones en una casa en la cual se le prohibe entrar.

"Y todos los que lo tocaron, quedaron sanos" (Mateo 14:36).

No podemos tocarle si tenemos reservas. Así como la mujer forzó su paso entre la multitud para tocarlo, también nosotros tenemos que forzar nuestro paso y abrirnos camino a través del egoísmo, la desobediencia, el pecado no confesado, la indiferencia, la opinión pública, las tradiciones del hombre y también artículos escritos en contra de la sanidad divina. Alguno tendrá que aun no estar de acuerdo con su pastor, por ser éste ignorante de esta parte del Evangelio. Abrámonos paso a través de la duda, la inconsistencia, los síntomas, los sentidos y la serpiente mentirosa.

El Espíritu Santo, quien ha sido enviado para ejecutar las bendiciones de la redención para nosotros, es nuestro Paracleto y Ayudador. El está presto a ayudarnos a traspasar todos estos obstáculos y llegar al lugar donde podamos tocarle para suplir nuestras necesidades. Dios está esperando derramar la plenitud de su Espíritu sobre nosotros; del mismo Espíritu que ha venido como Ejecutivo de Cristo para derramar sobre nosotros todas las bendiciones provistas por el Calvario y prometidas en sus Pactos y en sus Siete Nombres de redención.

Esta promesa, que todos los que le tocan pueden ser sanados, tiene vigencia hoy en día. ¿Cómo le tocamos? Creyendo en su promesa; ésta es la forma infalible de tocar a Jesús en cualquier cosa que ha prometido. Le tocamos cuando pedimos y creemos que El escucha nuestras oraciones; cuando la mujer lo tocó, fue su fe lo que la hizo ser sana, no fue un mero toque físico, porque "el Espíritu es el que da vida, la carne para nada aprovecha". Millones de pecadores le han tocado aun, para un milagro mayor: el del nuevo nacimiento.

Como los enfermos lo tocaron y fueron sanados, cuando Cristo caminaba en la tierra; así también todos nosotros ahora tenemos el privilegio de tocarle, este toque nos une a Cristo aun más ahora que en el pasado. No es un simple contacto, más bien una unión real como la de la Vid y las ramas. Todo lo que está en la Vid, ya sea vida física o espiritual, nos pertenece a nosotros —las ramas.

El toque de fe nos puede poner ahora bajo el completo control del Espíritu Santo —el que obra milagros. Esto no fue posible en el ministerio terrenal de Cristo, porque "aún no había venido el Espíritu Santo". Por lo tanto Jesús fue un mejor y más grande Salvador y Sanador, después de haber sido glorificado; el privilegio de tocarlo es mayor ahora que cuando El estaba en la tierra porque podemos recibir mucho más por el toque, debido a que desde la diestra del Padre El tiene mucho más que dar, por eso dijo: "Os conviene que yo me vaya". Ya que el Espíritu vino a revelarnos a Cristo en tal forma que antes no había podido ser revelado, El tenía que partir para enviarnos su Espíritu. ¿Por qué no nos acercamos a El, buscando sanidad por lo menos con la misma fe que tuvieron las multitudes que lo "apretaban" en los días que El anduvo sobre la tierra?

Lo que precede nos muestra la gran importancia de estar bien delante de Dios antes de pedir sanidad.

La bendición de estar bien delante de Su presencia es mil veces más deseable y agradable que la sanidad misma. He visto personas con afliciones físicas radiantes de felicidad, como también he visto pecadores en perfecta salud, infelices hasta el punto de cometer suicidio.

El Tercer Paso

Ahora procuraremos presentar en una forma clara, cómo podemos *apropiarnos* de la sanidad. Recibir cosas de Dios es como un juego de damas chinas. Después que uno de los jugadores hace alguna movida, no puede hacer nada hasta que el otro jugador haga su jugada; cada jugador espera su turno. Así también, cuando Dios ha provisto sanidad, o cualquier otra bendición, y ha enviado su Palabra, tenemos que hacer nuestra movida antes que El se mueva nuevamente. Nuestra movida consiste en esperar lo que El promete *cuando* oramos, lo que nos hará *actuar* en fe antes de *ver* la sanidad. La sanidad vendrá en la próxima movida, la cual le pertenece a Dios.

Dios nunca actúa fuera de su turno. Cuando Dios previno a Noé *"acerca de las cosas que aún no había visto"*, la reacción de Noé fue *creer* que el diluvio iba a acontecer y *actuó en fe*, construyendo el arca en tierra seca. Así también cuando Dios dice que "la oración de fe salvará al enfermo, y el Señor lo levantará", nosotros, al igual que Noé, hemos sido advertidos acerca de cosas que aún no hemos visto. Como Noé, nuestra reacción debe ser de creer y actuar de acuerdo a Su Palabra. La naturaleza caída es gobernada por lo que ve, por sus sentidos; mas la fe es gobernada por la pura Palabra de Dios, *esperando* que El haga lo que ha prometido hacer; tratando a Dios como a un Ser honesto.

Cuando digo *"esperar"* no me refiero a tener esperanza. Como bien dijo un escritor: "tenemos esperanza por aquello que *puede ser posible*, mas esperamos lo que *es posible* . . . con esa expectativa que elimina la duda o el miedo al fracaso y muestra una confianza inmutable".

La fe nunca espera para *ver* antes de creer, porque "viene por *el oír*" acerca "de las cosas que no se ven" y es "la convicción de lo que no se ve". Todo lo que un hombre de fe necesita saber es lo que Dios ha hablado, ésto imparte completa seguridad al alma. "Así dice el Señor" lo arregla todo; "Escrito está" es todo lo que la fe necesita.

La fe hace sonar la bocina del cuerno del carnero *antes*, y no después, que las murallas hayan caído. La fe nunca juzga de acuerdo a lo que ven los ojos porque "es la convicción de las cosas que no se ven" pero que han sido prometidas. La fe descansa en una base mucho más sólida que la evidencia de los sentidos, y esta base es la Palabra de Dios la cual "permanece para siempre"; nuestros sentidos pueden engañarnos, pero la Palabra de Dios nunca lo hará.

Cuando a una niñita se le promete un vestido nuevo para el sábado siguiente, fe es en realidad la expectativa que ella tiene y manifiesta hasta que llega el día sábado. Cuando el sábado llega y ella ve el vestido nuevo, la fe se acaba. Pero la fe real siempre conlleva acciones correspondientes. Por su fe la niñita da palmadas de alegría y dice: "qué bueno, qué bueno, voy a tener un vestido nuevo el próximo sábado", y corre a decirle a sus amiguitas que ya tiene la respuesta a su petición.

Dios No Puede Mentir

En la tumba de Lázaro, Jesús levantó sus ojos al cielo y dijo: "Padre, te doy gracias por haberme oído" aunque Lázaro aún estaba muerto. La niñita no tiene temor de testificar por adelantado que va a tener un vestido nuevo. Cuando sus amiguitas le preguntan cómo sabe ella que lo va a recibir, ella confiadamente contesta: "mi mamá me lo prometió". Nosotros, pues, tenemos una razón más valedera para esperar sanidad que la que tiene la niñita para esperar un vestido nuevo, porque su mamá puede morir antes que llegue el sábado, pero Dios es eterno. Su mamá puede mentir, pero Dios no. La casa y el dinero de la mamá pueden quemarse. En la historia todo caso **de fe** ha tenido una base firme, producida solamente por la promesa de Dios y efectuada antes que hubiera cualquier prueba visible que hubiera podido inspirar esa seguridad.

La fe se fija en las cosas que se ven; en el caso del diluvio, no había ningún indicio del diluvio cuando Noé construyó el arca; nunca antes ninguna muralla había sido derribada por el toque del cuerno de carnero o por gritos. Ellos estaban simplemente esperando que Dios cumpliera lo que El había prometido. *Su parte* consistió en que ellos hicieron sonar las bocinas antes de ver que las murallas cayeran. *Dios, entonces, hizo Su parte* y, las murallas cayeron.

El capítulo completo de Hebreos 11 ha sido escrito para mostrarnos cómo cada uno actuó en fe. Dios se sintió tan complacido con los actos de fe, que muchos casos han sido detallados en este capítulo de Hebreos.

Noé, Jacob, José y Moisés actuaron por fe; por fe las murallas de Jericó se cayeron; por fe actuó Abraham cuando todo parecía contrario a las promeas de Dios; al considerar *la promesa de Dios* —y no su esterilidad— Sara recibió fuerza para ser madre, a pesar de su edad.

Todos éstos actuaron *confiando nada más que en la Palabra de Dios, esperando lo que El había prometido;* lo mismo ocurre en todo caso de fe en la historia. Los síntomas de Jonás eran muy reales cuando estaba en el vientre de la ballena y él no los negó, más bien los llamó "vanidades ilusorias". En otras palabras, cualquier síntoma que nos hace dudar del hecho de que "Dios es grande en misericordia para *todos* los que le invocan" debe ser considerado como "vanidad ilusoria". Jonás dijo: "Los que siguen vanidades ilusorias, su misericordia abandonan". En vez de escuchar a Satanás y mirar a los síntomas, tenemos que obrar juntamente con Dios, quien sana ¡enviando Su Palabra y manteniéndola!

Aun cuando actuamos en fe, no siempre los síntomas desaparecen instantáneamente. Después que Ezequías fue sanado, pasaron tres días antes que él tuviera la suficiente fuerza como para ir a la Casa del Señor. En Juan 4:50-52, el noble "creyó la palabra que Jesús le había hablado" y cuando encontró a sus siervos "les preguntó a qué hora su hijo moribundo había comenzado a estar mejor".

La Biblia hace diferencia entre los "dones de sanidad" y el "don de milagros". Cristo no pudo hacer *milagros* en

Nazaret por la incredulidad de ellos, pero sí sanó a algunos; si todos hubieran sido perfectamente sanados instantáneamente, no habría habido lugar para los dones de sanidad, *todos* hubieran sido milagros; mucha gente pasa por alto la sanidad, cuando limita a Dios a hacer milagros solamente; la promesa de Cristo es "que sanarán", pero no dice "instantáneamente".

Los síntomas de vida en un árbol permanecen por algún tiempo, aun después de haber sido cortado. "Fe significa que tenemos la certeza en lo que esperamos, y estamos convencidos de lo que no vemos" (Hebreos 11:1 —traducción de Moffatt). Claro, convencidos porque Dios (que no puede mentir) ha hablado. *¡Qué magnifica fuente de confianza!* La fe es, entonces, muy racional. Fe no es, como muchos que no piensan, suponen, creer sin evidencia. Es más bien creer porque tenemos la mejor evidencia posible, la Palabra de Dios establecida en los cielos. El Apóstol Santiago dice: "Por mis acciones, te mostraré lo que es la fe" (traducción de Moffatt). Tener fe es estar tan convencidos de la verdad absoluta de las declaraciones de Dios en Su Palabra, que actuamos de acuerdo con ellas.

La Fe es Racional y Segura

¿Qué puede ser más racional, y qué puede ser más seguro y cierto? Fe es recibir la promesa escrita de Dios como su mensaje que nos llega directamente a nosotros. Su promesa es lo mismo que si El apareciera y nos dijera: "He escuchado tu oración". La Palabra de Dios es vida para nuestros cuerpos exactamente de la misma manera en que es vida para nuestras almas, lo cual ocurre cuando creemos en Su promesa.

He tenido conocimiento de algunos que han orado por sanidad hasta por 40 años, sin recibirla. Tan pronto como estas personas han sido enseñadas acerca de cómo apropiarse de la sanidad ésta ha venido a veces en un instante. No tenemos que orar por 40 años o ni siquiera por una semana, por la bendición que Cristo está deseoso de impartir. Su corazón compasivo anhela sanarnos mucho más allá que nuestra capacidad de desearlo. Pero nosotros le hacemos esperar hasta que tenemos la "fe que viene por el oír" y actuamos en esa fe, porque Dios no nos engañará ni se moverá antes de su turno.

Después que aprendemos que Jesús llevó nuestras enfermedades igual que nuestros pecados en la cruz y que, por lo tanto, no tenemos que llevarlos nosotros; el próximo paso es apropiarnos por fe de esta bendición, lo cual es el único método bíblico. La verdad de este asunto es que Dios nos dio esta parte de nuestra herencia cerca de dos mil años atrás y El es el que está esperando (esperando hasta que nosotros nos apropiemos de esta bendición por fe). Dos mil años atrás Dios se deshizo del pecado; dos mil años atrás Dios cargó en Cristo el pecado de todos nosotros; dos mil años atrás El mismo tomó nuestras enfermedades y llevó nuestras dolencias. Dios es el que espera; espera hasta que se nos muestre cómo apropiarnos de la bendición que El *ya* ha dado. II Pedro 3:9: "El Señor no retarda su promesa . . . sino que es paciente para con nosotros"; en otras palabras, El no es lento en cumplir sus promesas, más bien *nosotros somos lentos y El es paciente* con nosotros.

Muchos de nosotros pudimos haber sido salvos cinco años antes de nuestra actual conversión; Dios no nos estaba haciendo esperar, sino que nosotros le hicimos esperar a El; lo mismo ocurre con nuestra sanidad.

En Marcos 11:24 Jesús nos dice claramente cómo apropiarnos de cualquiera de las promesas compradas por nosotros, por medio de su muerte. Habiendo prometido todo lo que necesitamos, El dice: "todo lo que pidieres *orando*"; no es veinte años más tarde, o después de haberse recuperado, sino mientras está enfermo y *orando* "creed que lo recibiréis y *os vendrá*".

La condición para recibir todo lo que le pidamos a Dios es creer que El escucha nuestras oraciones y que seremos restaurados de acuerdo a su promesa. En otras palabras, cuando oramos por sanidad, Cristo nos autoriza a que consideremos nuestra oración contestada. Cuando pedimos por nuestra salud, Cristo nos insta a decir con fe: "Padre, te doy gracias *por haberme oído*", antes que podamos ver la respuesta a nuestra oración.

Tener fe es cuando la Palabra de Dios es nuestra única razón para creer que nuestra oración ha sido contestada antes que sintamos o veamos; "Jesús declara: '*Las palabras* que os he hablado son Espíritu y son vida'; Juan dice: 'La Palabra (el Verbo) era Dios'. Fe es recibir las palabras escritas de Cristo como el mensaje dirigido a nosotros. Esta es la forma en que la Palabra de Dios se convierte en vida para nosotros (en nuestra sanidad y en nuestra salvación). De hecho, el acto de creer y recibir a Cristo de acuerdo a Juan 1:12 es sinónimo del acto por el cual Dios nos da, por Su poder, el nuevo nacimiento. Por este mismo proceso, la sanidad divina es impartida a nuestros cuerpos" (Escritor desconocido).

Con relación a la mujer que tocó el manto de Jesús, otro escritor dice, "fe, acción y experiencia" es el orden de sanidad del cual Dios nunca se aparta. Si *nos* apartamos de este orden, ni la fe, la acción o la experiencia serán como deseamos por que no serán como Dios lo desea.

I Tesalonicenses 2:13 dice: "La Palabra de Dios, la cual actúa efectivamente en vosotros los creyentes"; cuando Su Palabra nos convence que nuestra oración ha sido contestada, antes de que veamos la respuesta, la Palabra comienza a actuar efectivamente en nosotros.

La Palabra de Dios nunca dejará de actuar en aquellos que la aceptan como lo que es, porque éstos no abrigan dudas acerca de si será o no una realidad en sus propias experiencias . . . Dios ha dado todas sus bendiciones a la fe, El no ha dejado ninguna para ser otorgada a la incredulidad" *Harriet S. Bainbridge.*

Cuando la gente me dice que no saben si es la voluntad de Dios sanarlos, yo les pregunto: ¿No es la voluntad de Dios cumplir sus promesas? Si estamos bien con Dios, no nos debemos considerar a nosotros mismos más de lo que lo haríamos cuando las promesas son hechas por hombres? La pregunta no es, ¿tendré suficiente fe?; mas bien es, ¿será El honesto? No se trata de cómo nos sintamos, sino de conocer cuales son los hechos. Si la niña se enferma al día siguiente y se siente muy mal, ésto no tiene nada que ver con el hecho de que su mamá le comprará un traje nuevo el sábado. La Escritura dice: "Si pedimos algo de acuerdo a su voluntad, El nos oye". ¿Es cierto o no? *¿Contesta Dios las oraciones?*

Si firmemente creemos que recibiremos la respuesta a nuestra oración y actuamos en fe, cada uno será sanado, aunque no sea instantáneamente.

Dios siempre se mueve o actúa después que nosotros hemos hecho nuestra parte, lo cual es el resultado de una "completa seguridad" producida únicamente por el cumplimiento de Su promesa, antes de que veamos la respuesta a nuestra oración. Ya que la sanidad es por fe y "la fe sin obras es muerta", es cuando comenzamos a actuar con fe, que Dios comienza a sanar.

Nuestra Fe Hace Actuar a Dios

Nuestras "obras de fe" hace que Dios obre; claro, no todos actuamos de la misma manera. Los diez leprosos fueron sanados cuando iban caminando; Jonás no caminó a ningún lugar, pero mientras estaba en el vientre de la ballena dijo: "mas yo con voz de alabanza, te ofreceré sacrificio". Y así, a través de la historia, actuar nuestra fe alabando y dando gracias a Dios por adelantado, ha sido la fórmula que El ha establecido para apropiarnos de todas sus bendiciones. Hebreos 13:15 nos enseña que nuestra ofrenda de gracia, nuestro "sacrificio de alabanza", es para ser ofrecida por adelantado por las bendiciones que Dios ha prometido y por consiguiente, estamos esperando. El Salmo 50:14, 15 dice: "Sacrifica a Dios alabanza, y paga tus votos al Altísimo; e invócame en el día de la angustia; te libraré y tú me honrarás".

En estos versículos, como en toda la Escritura, se requiere de nosotros que ofrezcamos sacrificio mientras estamos aún en angustia, como hizo Jonás. Tal vez fue esta misma promesa la que él reclamó. Alabemos a Dios mientras estamos todavía en necesidad; vayamos ante su presencia con alabanza, ésto no significa que ofreceremos alabanza después de haber sido sanados, sino que vendremos ante Su presencia con alabanza aun antes de haber sido sanados. "*Entrad* por sus puertas con alabanza, por sus atrios con regocijo". Debemos salir con acción de gracias, pero ésto no es fe.

Fe es lo que tenemos antes de ser sanados. "Alabarán al Señor todos los que *le buscan*"; ". . . sino que a tus muros llamarás Salvación, y a tus puertas Alabanza". Sin alabanza encaramos una pared sólida y sin puertas. Mas cuando comenzamos la alabanza y apropiación, es como si abriéramos nuestra propia puerta y entráramos a través de ella: "Nos alegraremos y gozaremos porque el Señor *hará* grandes cosas". Ellos estaban continuamente alabando a Dios en el templo, no después, sino antes de ser llenos del

Espíritu Santo. Fue cuando "levantaron su voz para alabar al Señor" que "la gloria de Dios llenó la casa". "Ellos creyeron a *Sus Palabras* (no a sus síntomas o al 'padre de mentiras') y cantaron alabanzas".

En vez de escuchar al "padre de mentiras", debemos hacer que él escuche nuestras alabanzas a Dios por el cumplimiento de Sus promesas. "Todo lo que respira, alabe a Jehová". El enfermo puede respirar; en otras palabras, mientras todavía está enfermo, alabe al Señor porque usted se recuperará de acuerdo a Su promesa. "No se turbe vuestro corazón". "Por nada estéis afanosos (distraidos) sino sean conocidas todas vuestras peticiones delante de Dios, en toda oración y ruego, con acción de gracias". "Echando toda vuestra ansiedad sobre El, porque El tiene cuidado de vosotros".

Todo cristiano enfermo tiene mil veces más razones para estar contento, que el más contento de todos los pecadores con perfecta salud.

Gloria a Dios porque "la fe sin obras es muerta"; "Dad gracias en todo, porque esta es la voluntad de Dios para con nosotros"; "Alabaré a Jehová en *todo* tiempo, su alabanza estará de continuo en mi boca". Ya que el Señor ordena que todo lo que respira lo alabe, la única excusa bíblica para no alabarle es el no tener aliento. "Así que, ofrezcamos siempre a Dios por medio de El, sacrificio de alabanza, fruto de labios que confiesan Su nombre"; "El que ofrece alabanza me honrará", "Porque *mejor es tu misericordia que la vida*, mis labios te alabarán". El abstenerse de alabar a Dios muestra incredulidad e ingratitud. Alabemos a Dios porque "en los íntegros es hermosa la alabanza"; alabemos su nombre porque "Dios habita en medio de las alabanzas de su pueblo". Pablo y Silas cantaron alabanzas a Dios a medianoche con sus espaldas sangrando y sus pies en el cepo, y Dios los acompañó con un terremoto, por medio del cual los libertó.

La fe verdadera se regocija en las promesas de Dios como *si* hubiera visto la liberación y se gozara en ella.

Con tres grandes ejércitos en contra de Josafat (lo cual hubiera significado aniquilación, humanamente hablando) ellos alabaron a Dios "con voz fuerte y alta voz". La única evidencia que tenían, para saber si su oración había sido contestada era la Palabra de Dios, y eso que la habían escuchado de labios humanos. Cuando salieron a la batalla al día siguiente y comenzaron a cantar y a alabar, Dios preparó una emboscada en contra del enemigo, y Josafat obtuvo la victoria (II Crónicas 20: 18, 19). "Tenemos también la palabra profética más segura; . . . sino que los hombres santos de Dios hablaron siendo inspirados por el Espíritu Santo" (II Pedro 1:19-21).

"Así como en el Edén el enemigo tuvo éxito invalidando la Palabra de Dios y haciendo que Adán y Eva comieran del fruto prohibido, así también ahora busca invalidar el testimonio de Dios para que no creamos al Evangelio. Después que Dios dijo: "El día que de él comieres, ciertamente morirás", la serpiente dijo: "ciertamente no morirás". Cuando ahora llanamente la Palabra de Dios declara: "sobre ellos pondrán sus manos y *sanarán*", la misma serpiente busca persuadirnos de "que *no* sanarán". ¿Será lógico creer al 'padre de mentiras' en vez de creer al Hijo de Dios, quien es la Verdad Encarnada? Cuando venimos a Dios para salvación o sanidad, es esencial que decidamos si vamos a permitir que el silbido de la serpiente se levante por encima de la voz de Dios.

"Bienaventurados los oídos que oyen las vibraciones del susurro Divino y no dan oído a los muchos murmullos del mundo" *(Thos. a'Kempis).*

Cuando Cristo fue tentado por el diablo, lo único que éste oyó de Sus labios fue: ¡"Escrito está"! (Mateo 4:4, 7, 10). "Entonces el diablo le dejó" (Mateo 4:11). Todo lo que oímos de la gente hoy en día es: ¡"El diablo dice"!, como si las palabras de Cristo produjeran menores resultados que las del diablo. Cristo usó la palabra, y ésta es la mejor forma de ahuyentar al diablo. No tratemos otras formas, "ni demos lugar al diablo" (Efesios 4:27); "Resistid al diablo y de vosotros huirá" (Santiago 4:7).

Hay solamente una forma de resistir al diablo, y ésta es creer firmemente y actuar en la Palabra de Dios. Siempre que nos dejamos influenciar por otra voz que no es la de Dios, lo que hacemos es rechazar la fórmula de Dios para nuestra sanidad.

¿Qué razón tenemos para dudar? No tenemos otra razón para dudar que la que podría tener el pecador cuando se arrepiente y pide perdón por sus pecados. Tenemos exactamente la misma razón para confiar en que seremos sanados, que la que tenemos para confiar en que seremos salvos. "El te ha dado Su Palabra, y si no puedes aceptarla hasta el punto de que puedas actuar en ella, entonces tu fe aún está muy lejos de ser lo que debiera ser". *(Duffy)*

La compasión de Dios es la base de nuestra fe. Ya que Cristo nos ha redimido de nuestras enfermedades, podemos confiar plenamente en su amor y en su fildelidad.

La cruz es un fundamento seguro y una razón perfecta para ejercitar la fe.

No recuerdo quien dijo: "Pongamos nuestras enfermedades a un lado por fe, como lo haríamos con el pecado. El cristiano consagrado no toleraría conscientemente el pecado ni por un momento. Sin embargo, algunos toleran la enfermedad. Otros favorecen y nutren sus dolores y pesares en vez de resistirlos, considerándolos palabras del diablo".

Harriet S. Bainbridge explica que el Señor Jesús ha declarado que el pecado, el sufrimiento y la miseria física de la raza adámica han sido "consumados". Cristo ofrece a cada uno de nosotros el don del Espíritu Santo para que podamos realizar y disfrutar de la gran salvación que El ha comprado para nosotros. Creer sin dudar que las palabras de Cristo: "consumado es", son una declaración literal de un hecho inmutable, da como resultado nuestra liberación. Desafortunadamente, el diablo aún trata de apartarnos de esta gloriosa verdad como lo hizo con Eva haciéndole olvidar y menospreciar las palabras de Dios claramente le había hablado.

Cuando aprendemos que nuestra redención de la enfermedad ha sido realizada en el cuerpo de nuestro Señor crucificado, y creemos y recibimos de todo corazón lo que Dios declara en su Palabra escrita, entonces el Espíritu Santo nos dará una experiencia personal de Cristo como nuestro Médico.

El seguir estas instrucciones ha traído sanidad a miles que habían sido enseñados que el tiempo de los milagros había pasado y que Dios quería que su pueblo se mantuviera enfermo para Su gloria. Los ciegos ahora ven; los sordos y mudos de nacimiento pueden ahora oír y hablar; los cojos han sido sanados; los epilépticos de muchos años han sido liberados y ahora se regocijan; muchos que morían de cáncer se encuentran bien y orando la oración de fe para la sanidad de otros; y Dios en ésto no hace acepción de personas. "Si el hombre se purifica a sí mismo de estas cosas, será un vaso para honra, santificado y listo para ser usado por el Maestro, enteramente preparado para toda buena obra"; ésto nunca será una realidad mientras estemos postrados. El Nuevo Pacto de Dios provee para que cada uno "sea perfeccionado para toda buena obra para hacer Su voluntad". Esto nos muestra no solamente un simple deseo, sino el vivo propósito de Dios para que seamos sanados.

El no puede cumplir su Pacto en nosotros sin antes habernos quitado la enfermedad y haber "completado el número de nuestros días", de acuerdo a Su promesa, (Exodo 23:26).

Ya que "por sus heridas fuimos nosotros curados", no olvidemos lo que costó nuestra sanidad. Con gratitud, amor y consagración a Su servicio, debemos afirmarnos en Sus promesas y "sonar el cuerno del carnero" con fe y acción de gracias hasta que las murallas de la aflicción se derrumben.

¡La fe no espera que se caigan las murallas, sino que el grito de la fe las derriba!

6

APROPIANDOSE DE LA FE

En su carta a los Gálatas, el Apóstol Pablo nos dice claramente cómo Dios obra milagros. "Aquel, pues, que os suministra el Espíritu (el Espíritu es el que obra los milagros), y hace maravillas entre vosotros, ¿lo hace por las obras de la ley, o por el oír con fe? Así Abraham creyó a Dios" (Gálatas 3:5-6). Moffat traduce este pasaje diciendo: "Cuando El les da de su Espíritu, y obra milagros entre vosotros, ¿lo hace porque ustedes obedecen la ley, o porque creyeron en el mensaje del Evangelio? Porque, como pasó con Abraham, él tuvo fe".

En este pasaje Dios nos dice que El obra milagros en nuestros cuerpos exactamente de la misma forma que lo hace en nuestras almas, lo cual es, oyendo y creyendo el mensaje del Evangelio. De hecho, la forma en que Dios hace todas las cosas es haciendo promesas y cumpliéndolas cuando han producido fe. El dice, que es con nosotros "como lo fue con Abraham"; ¿Qué ocurrió con Abraham? Examinemos cuidadosamente:

Abraham simplemente creyó en la Palabra de Dios, "el tenía fe" que Dios iba a hacer exactamente lo que le había prometido.

El se dejó "persuadir totalmente" por la Palabra de Dios solamente.

El se mantuvo firme en su confianza, cuando su fe era probada.

El estaba completamente ocupado con la Palabra de Dios en lo referente a este asunto.

El rehusó, deshacerse de su confianza en Dios aun, cuando Dios le pidió que le ofreciera a su hijo Isaac en sacrificio, lo cual era como quitarle el único aliento visible de su fe.

El "no consideró su propio cuerpo", o el hecho de

que era de casi 100 años de edad, ni "la esterilidad de la matriz de Sara" como una barrera o razón para dudar del nacimiento de Isaac (Romanos 4:19). Estas cosas, las cuales de acuerdo a la naturaleza, hacían el nacimiento de Isaac imposible, no fueron consideradas por Abraham como la más mínima razón para dudar. Abraham estaba consciente de su edad; reconocía la esterilidad de Sara; consideró las dificultades; mas a pesar de todos los imposibles, él le creyó a Dios.

"Bajo las circunstancias más desesperadas", "mirando a la promesa de Dios", se "fortaleció en fe" estando "totalmente persuadido" ("absolutamente seguro" —Weymouth) que Dios iba a cumplir su promesa. Notemos bien que fue "mirando a la promesa de Dios" que Abraham "se fortaleció en la fe". "Todo aquel que mirare" (el remedio de Dios y la Promesa de Dios), fue igualmente la condición requerida por Dios para la sanidad de los israelitas que morían mordidos por las serpientes (Números 21:8). Cuando venimos a Dios para ser sanados, estemos seguros que ésta sea nuestra actitud, porque no hay promesa de sanidad excepto bajo esta condición.

Muchas veces basamos la fe en nuestra mejoría y nos dejamos afectar por nuestros síntomas o por lo que vemos o sentimos en vez de basarnos en la Palabra de Dios solamente. Hasta este punto nuestra fe no es real. El ocuparnos en lo que vemos o sentimos es exactamente lo contrario a las condiciones que Dios estipula: "Todo aquel que mirare vivirá", simplemente significa que todo aquel que —como Abraham— se ocupa en la promesa de Dios, no se dejará afectar por los síntomas, sino que "se recuperará". Significa que la Palabra de Dios (no lo que vemos o sentimos) debe ser la base de nuestra fe. Fijar nuestra atención en las promesas de Dios es una buena razón para fijarnos en Dios buscando misericordia. Entonces, no habrá tiempo para quitar nuestra mirada hasta que Dios retire su Palabra.

Notemos que Abraham experimentó el milagro porque *no cesó de fijar su mirada en las promesas de Dios.* Ocuparse de los síntomas o dejarse influir por ellos, en vez de la Palabra de Dios, es dudar de la veracidad de Dios. La fe de Abraham no estaba basada en algo que él vio; y tenemos que asegurarnos que nuestra fe tampoco esté basada en lo que vemos; todo lo que Abraham vio era contrario a lo que estaba esperando, después del nacimiento de Isaac, la fe de Abraham se sustentaba en el hecho que, a través de Isaac, "todas las naciones de la tierra serían benditas". Con sus ojos puestos en Isaac (el canal que Dios usaría para cumplir Su promesa) era fácil creer; Dios, entonces, probó la fe de Abraham pidiéndole que sacrificara a Isaac, ésto no intimidó a Abraham. La fe verdadera se fortalece en la prueba. Considerando que Dios le había empeñado Su Palabra, Abraham estaba preparado para acabar con toda prueba visible que estimulara su esperanza, sin dejar de estar "totalmente persuadido". Dios tuvo que detenerlo, de otra forma, Abraham hubiera sacrificado a Isaac. Esta fue la prueba que Dios usó, no para destruir, sino para perfeccionar la fe de Abraham.

Si después de acercarnos a El para ser sanados, Dios ve que nuestra mejoría nos estimula más que Su Palabra, tal vez El considere necesario probar nuestra fe. Su propósito será el de enseñarnos la gloriosa lección de creer en Su Palabra, cuando nuestros sentidos la contradicen. La fe tiene que ver solamente con la Palabra de Dios.

En Hebreos 10:35-36, Dios le dice a todo aquel que ha basado su fe en su Palabra: "No perdáis, pues, vuestra confianza, que tiene grande galardón; porque os es necesaria la paciencia, para que habiendo hecho la voluntad de Dios, obtengáis la promesa"; "Porque somos hechos participantes . . . con tal que retengamos firme hasta el fin nuestra confianza del principio" (Hebreos 3:14).

Contrario a ésto, después de haber sido ungidos y de haber orado por ellos, en vez de gozarse en la promesa de Dios, he oído a algunos decir con desaliento: "yo estaba seguro de que sería sanado". Al momento supe que ellos nunca entendieron lo que era la fe. Su idea era la de mejorarse primero, para luego creer que Dios había escuchado su oración. Si la Palabra de Dios hubiera sido su única razón para recibir lo que esperaban, se hubieran mantenido firmes en su confianza, sin retroceder. No es correcto o razonable desechar nuestra confianza, siempre y cuando tengamos a la Palabra de Dios como base. Se nos ha prometido que seremos participantes, solamente bajo la condición que "retengamos firme nuestra confianza del principio". En el tiempo que transcurrió desde el momento que

Dios le hizo la promesa y que ésta se cumplió, en vez de mirar a los síntomas y desechar su confianza en Dios por no tener ninguna prueba visible que lo animara, Abraham hizo exactamente lo contrario: "Mirando la *promesa* de Dios, no dudó por incredulidad, sino que se fortaleció en fe, dando gloria a Dios" (Romanos 4:20). Después que Jonás oró por misericordia estando aún en el vientre de la ballena, no perdió su confianza a pesar de no tener una prueba visible de que su oración había sido escuchada; él se mantuvo confiando y añadió a ésto, por adelantado, "sacrificio de alabanza". Josué y los hijos de Israel no perdieron su confianza a pesar de que las murallas de Jericó permanecieron en pie después de marchar alrededor de ellas; su fe estaba basada en la Palabra de Dios: "Yo he entregado a Jericó en tus manos". Si ninguno de éstos perdieron su confianza, ¿por qué la perderemos nosotros?

Nuestro estado mental debe ser el mismo que tuvo Noé cuando construía el arca en tierra seca y rellenaba las rendijas con brea para que el agua no se entrara; en su mente el diluvio era inminente, y la Palabra de Dios era su única razón para creerlo. Nuestro estado mental debe ser el mismo que el de Abraham; para él el nacimiento de Isaac era un hecho, aunque los síntomas dijeran lo contrario. La Palabra de Dios para nosotros, en todo lo concerniente a la sanidad, debe ser tan clara y explícita como lo fue para Abraham.

En Marcos 11:24 Jesús nos dice claramente, las condiciones que El requiere para que nos apropiemos de cualquiera de las bendiciones que El ha prometido. Él dice: "Por tanto, os digo que todo lo que pidiereis orando, creed que lo recibiréis y os vendrá"; quiere decir que "os vendrá" *después* de creer que El ha escuchado nuestra oración. Así como Cristo dijo: "Te doy gracias *por haberme escuchado*" mientras Lázaro aún estaba muerto, también nosotros debemos decir: "Te doy gracias por haberme escuchado" aun cuando estemos enfermos. "Creed que lo recibiréis y os vendrá" es la respuesta de Jesús y también la prueba de que El ha escuchado nuestra oración. Para la fe, *la Palabra* de Dios es *la Voz* de Dios. El no nos ha prometido que nuestra sanidad debe comenzar *después* que hemos creído que nuestra oración ha sido escuchada. "Si pedimos algo de acuerdo a su voluntad, El nos oye", si ésta es la verdad, entonces creamos que nuestra oración ha sido escuchada cuando oramos de corazón; nuestra confesión debe ser: "Sabemos que tenemos las peticiones que le hemos hecho", no porque vemos la respuesta, sino porque "fiel es Dios que también lo hará".

No debemos basar nuestra fe en que nos vamos a mejorar después de la oración. He oído decir a algunos con gran satisfacción: ¡"Oh, me siento mucho mejor desde que oraron por mí, ahora yo sé que me voy a recuperar"! Esto significa que, en vez de ser en la promesa de Dios, ellos tienen alguna otra razón para confiar en su recuperación. *No hay ninguna otra forma tan efectiva para tener fe, como lo es por medio de la Palabra de Dios.* Supongamos que después de haber orado por la sanidad de un hombre, él siente que ha mejorado en un cincuenta por ciento; ésta mejoría no es una razón tan buena para creer que se recuperará completamente, como lo es la promesa de Dios, aun cuando después de la oración su estado empeore. Supongamos que usted le promete algo a su hija y al día siguiente usted se entera de que ella está esperando exactamente lo que usted le prometió pero no porque usted se lo prometió, sino porque ella tiene otra razón para creerlo; ésto sería motivo de tristeza porque probaría que ella no confía en su palabra.

Honramos a Dios cuando creemos en El aun cuando nuestros sentidos nos digan lo contrario; y El promete honrar a los que le honran. Dios ha prometido responder solamente a la fe que es producida y que descansa en Su Palabra, o en Su promesa. Algunos esperan creer que han sido escuchados tan pronto como se sienten mejor. El Señor no dice que nos hará *sentir mejor* con el propósito de producir en nosotros fe para después sanarnos; "El envió Su *Palabra* y los sanó"; Dios mismo *"envió Su Palabra"*, no tuvimos que *exigírsela*. Es absurdo, entonces, dudar. ¿No es más razonable creer que Dios mantiene su promesa, en vez de incumplirla? En realidad no hay nada más absurdo o ridículo que permitir que los síntomas o los sentimientos nos hagan dudar del cumplimiento de las promesas de Dios. Si después de prometerle un vestido nuevo, su niña se tuerce el tobillo y pierde la confianza que va a recibir el vestido nuevo porque le duele su tobillo; usted le diría: "querida, yo prometí comprarte un vestido nuevo, ¿no puedes creer en mi palabra?". Ella contesta: "pero, mamá, el tobillo todavía me duele. No me siento mejor, parece que se pone peor cada vez". ¡Qué absurdo es este razonamiento! Ahora, si es absurdo dudar de una promesa por causa de dolor; entonces es igualmente ridículo dudar de *cualquier otra* promesa. Supongamos nuevamente que después de prometerle el vestido nuevo, la niña se mira en el espejo para ver si luce "mejor vestida" y dice, "No puedo ver ninguna diferencia, no luzco ni un poquito mejor"; y abandona la idea de tener un vestido nuevo.

Aprender a creer que Dios nos escucha cuando oramos es una bendición mayor que la sanidad misma. Podemos repetir la oración de fe diez mil veces (por otros y por nosotros mismos) invirtiendo toda nuestra vida en obtener las promesas divinas de Dios.

Hemos visto cómo Abraham experimentó un milagro; y Dios dice que con nosotros es "como con Abraham". Por lo tanto, de esta manera, todos podemos recibir el cumplimiento de las promesas de Dios, *"todos los que también siguen las pisadas de la fe que tuvo nuestro padre Abraham"* (Romanos 4:12).

7

COMO RECIBIR SANIDAD

Con relación a la serpiente de bronce que fue levantada en el desierto, Números 21:8 dice: ". . . y cualquiera que fuera mordido *y mirare a ella*, vivirá". Este fue un tipo de la expiación que Jesús adoptó y se aplicó a sí mismo. Era un requisito que tenían que cumplir los israelitas que eran mordidos por las serpientes si querían ser sanados.

Si fuera como enseñan algunos que la sanidad no ha sido provista por la expiación de Cristo, ¿por qué entonces era necesario que los israelitas mirasen al tipo de la *expiación*, para ser sanados? Y si ellos recibieron perdón y sanidad por una mirada expectativa al tipo del Calvario, ¿por qué no lo recibiremos nosotros igualmente de Cristo —el Antitipo? Si no podemos recibirlo, quiere decir que hemos colocado al tipo en un lugar más alto que a Cristo mismo, lo cual hace del tipo una profecía falsa.

Quiero enfatizar el hecho que ninguno recibía sanidad, excepto bajo esta condición: "Todo el que MIRARE"; MIRAR significa estar ocupado e influido con lo que estamos mirando. Esto fue lo que hizo Abraham cuando rehusó considerar su propio cuerpo y se fortaleció en fe mirando a las promesas de Dios. Ocuparse y ser influido por nuestros sentimientos o síntomas es hacer lo opuesto a las condiciones requeridas por Dios.

MIRAR significa *prestar atención*. Después de establecer el Pacto de Sanidad y revelarse a sí mismo como nuestro Salvador, usando el nombre de redención Jehová-rafa, la condición que Dios requería de ellos era que "atendieran con diligencia e hicieran todo"; ésto significa observar y aplicar Su Palabra. En Marcos 4:24 Jesús también nos enseña que de acuerdo a la medida de *atención y aplicación* que le demos a la Palabra de Dios, recibiremos sus bendiciones; "La Palabra de Dios es la semilla" que, al igual que todas las semillas, cuando se siembra en buena tierra, tiene el poder de hacer su propio trabajo. La atención y aplicación a la Palabra de Dios es la forma en que estamos en "buena tierra" y nos mantenemos en ella.

Satanás no puede impedir que la "semilla" haga su trabajo, a menos que le permitamos sacar la semilla de la tierra. De la única forma que él puede hacer ésto es cambiando nuestra atención en la Palabra de Dios hacia los síntomas. Jonás llamó a los síntomas "vanidades ilusorias" y estando en el vientre del gran pez dijo: "MIRARE nuevamente a tu santo templo"; luego le escuchamos ofrecer "sacrificio de alabanza", ésto nos muestra lo que MIRAR significa.

MIRAR quiere decir también *expectativa;* mirar a Dios para salvación, significa *esperar* de El la salvación. El nos dice, *"Mirad* a mí todos los confines de la tierra y seréis salvos" (Isaías 45:22). Ya que Dios ha provisto y prometido sanidad, tenemos que quitar de nuestras mentes el más mínimo pensamiento, que no recibiremos sanidad.

La palabra "MIRAD" también se traduce "CONSIDERAD"; leemos que Sara *"consideró* que podía confiar en Aquel que había prometido"; en vez de considerar su edad, ella recibió fe considerando la Palabra de Dios.

La palabra MIRAR está en un continuo presente. No es echar una simple *ojeada,* sino mirar fijamente hasta que reciba salud. Fue una "fe *firme"* la que trajo el cumplimiento de la promesa de Dios a Abraham. El proceso sanador continúa mientras *miremos* a la promesa. Tenemos que pensar en fe, hablar en fe, actuar en fe, y mantenernos en fe hasta que la promesa se haya cumplido. Si nos ocupamos en los síntomas o los sentimientos, violamos las condiciones y por consiguiente interferimos en la acción de Su poder.

Leemos en Hebreos 11:23-27 que Moisés "se mantuvo como *mirando al Invisible".* En lo que concierne al nervio óptico: "fe es la evidencia de las cosas que *no se ven";* mas de acuerdo a la iluminación "de los ojos de nuestro entendimiento", fe es la evidencia de las cosas que *se ven.* Caminar por *fe* es andar con una mejor clase de *vista.* Debemos invertir nuestras vidas buscando cosas mucho mejores que las que se pueden *ver* con el nervio óptico. Con el ojo de la fe podemos ver cosas gloriosas que son invisibles al ojo natural. Después de todo, es la mente, y no el nervio óptico el que ve. Usted no puede ver su dinero en el banco a no ser que lo haga mentalmente. Cuando extendemos un cheque, es por fe en lo que *vemos*, no con los ojos, sino con la mente.

La fe es lo más racional del mundo porque está basada en los hechos y realidades más grandiosas; la fe ve a Dios, ve al Calvario donde la enfermedad y el pecado fueron consumados; la fe ve las promesas de Dios y su fidelidad, las cuales son más seguras que el fundamento de una montaña. La fe ve la salud y la fortaleza otorgadas en la cruz como pertenecientes a nosotros. La fe recibe las palabras "El mismo tomó nuestras enfermedades y llevó nuestras dolencias", y actúa de acuerdo a ellas. Lo que el ojo de la fe ve, la *mano* de la fe se apodera diciendo: "esto me pertenece en virtud de las promesas de Dios"; la fe ve solamente a Dios y a Su Palabra.

Gloriosas Realidades de la Fe

Es un gran error suponer que algo no es real porque no lo podemos ver con los ojos naturales. Vamos a suponer que sus ojos han sido vendados y usted tiene que depender de mí para dirigirlo. El pavimento sobre el cual usted camina es tan real como si lo estuviera mirando. Cada vez que usted avanza un paso, está actuando una fe, la cual "es la evidencia de las cosas que no se ven" con los ojos naturales. Usted ve con su *mente* lo que yo puedo describirle porque lo veo con mis ojos. Los grandes hechos y realidades espirituales que Dios ve, acerca de los cuales El nos enseña, son tan reales como si pudiéramos verlos con nuestros ojos naturales. Por causa de Dios —su fidelidad y sus promesas— fe es el fundamento más seguro en el cual podemos descansar. Para el hombre que no ha sido iluminado o que no ve la promesa de Dios, esto es como pararse en el espacio. Mas para aquellos que tienen fe en la Palabra de Dios, es como caminar en los cimientos del universo. Parándose solamente en la Palabra de Dios, millones de pecadores han sido "trasladados del reino de las tinieblas, al reino de Su Hijo Jesucristo"; millones han sido también tomados de este mundo y llevados al cielo. La promesa de Dios ha sido mejor para ellos que una escalera de piedra que llega de la tierra al cielo, la cual podría verse con los ojos naturales.

Jesús nos dice que El vino "para que los que no pueden ver (con los ojos naturales), vean" con los ojos de la fe. Después de ascender a los cielos (donde ya no puede ser visto con el ojo natural) El nos aconseja que unjamos nuestros ojos (espirituales) con colirio para que veamos. Haciendo esto, Pedro se regocijó mucho más por lo que vio con su nueva vista que por lo que ya había visto con el nervio óptico. La mejor vista posible en la tierra se puede obtener caminando esta mejor clase de vista debido a la superioridad de lo que contemplamos constantemente; realidades que producen gozo. Gozo sobrenatural es siempre el resultado cuando usamos nuestros ojos espirituales.

Es importante que veamos que la fe real se ocupa del poder y la misericordia de Dios y no de las debilidades humanas. Dios nos invita a que nos apoderemos de su fortaleza. El dice: "A los débiles, aumentará sus fuerzas". También dice: "diga el débil, fuerte soy". Es cuando obedecemos y creemos *en la autoridad de Su Palabra* que tenemos su fortaleza, aun cuando nos sintamos débiles: "Su poder se perfecciona en mi debilidad". Tenemos que creer lo que Dios dice sin pensar en lo que sentimos.

¿Por Qué Algunos No Reciben Sanidad?

La respuesta a esta pregunta es porque muchos creen lo que sus cinco sentidos les dicen en vez de creer en la Palabra de Dios. Tenemos que entender que los cinco sentidos pertenecen al "hombre *natural*" y son usados para las cosas de este mundo. No podemos apropiarnos, discernir o conocer las cosas de Dios a través de los sentidos *naturales*.

Ninguna sensación física (dolor, debilidad o enfermedad) puede ser una buena razón para dudar del cumplimiento de las promesas de Dios. Sería una necedad de mi parte el dudar en la promesa de la segunda venida de Cristo porque me sienta enfermo, débil o tenga algún dolor. Y si el dolor no es una buena razón para dudar de *una* sola promesa, no es tampoco una buena razón para dudar de *ninguna* de Sus promesas. Dios es tan fiel a una promesa como a cualquiera otra. Entonces es igualmente absurdo el dudar de la promesa de Dios de sanar por el hecho de que sintamos dolor o cualquier otra sensación, como lo es el dudar de la segunda venida de Cristo por la misma razón.

Lo que nos hace reclamar el perdón de pecados es el hecho de que Cristo los llevó "en su cuerpo sobre el madero" (I Pedro 2:24), y tenemos que creer que somos perdonados *a pesar de* nuestros sentimientos. Es exactamente de la misma forma y sobre la misma base que nos apropiamos de la sanidad *física* que procede del Gran Médico. La sanidad del cuerpo y del alma están basadas en la inmutable realidad de la obra consumada de Cristo y no en nuestros sentimientos.

Cuando Dios se hace llamar por el nombre de redención Jehová-rafa, nos está diciendo: "Yo soy tu Dios que te sana"; El quiere que respondamos con fe: *"Sí Señor, tú eres el Dios que me sanas"*. El quiere exactamente que lo que El dice sea una realidad en nuestra propia experiencia. No podemos equivocarnos cuando decimos y fielmente creemos lo que El dice, que ahora mismo El nos está sanando y continuará su obra hasta que estemos completamente sanos. Fe es decir y creer lo que Dios dice y actuar de acuerdo a ello; las bendiciones que confesamos siempre se materializan si tenemos una fe firme en las promesas de Dios.

Cuando nos queremos apropiar de la sanidad que Cristo ha provisto, no podemos tener DOS PENSAMIENTOS al mismo tiempo. Santiago dice: "Pero pida con fe, no dudando nada. Porque el que duda es semejante a la onda del mar, que es arrastrada por el viento y echada de una parte a otra. No piense pues, quien tal haga, que recibirá cosa alguna del Señor" (Santiago 1:6, 7). Tenemos que decapitarnos (si fuera posible) y ponernos la "mente de Cristo", lo cual significa mirar a lo que El dice solamente y actuar de acuerdo con ello, ésto implica el pedir "CON FE". Pablo nos dice que nos "despojemos del viejo hombre con sus hechos". Esto incluye el hábito del viejo hombre de pensar solamente de acuerdo con la evidencia de los cinco sentidos. Vestirse del nuevo hombre y tener la mente de Cristo envuelve nuestro pensar y creer lo que está escrito y decir lo que El dijo: "Escrito está". Recuerde, el "nuevo hombre" no es gobernado por la evidencia de los sentidos.

La Palabra de Dios es Poderosa

La Biblia nos dice que no hay Palabra de Dios sin

poder. Dice el Salmo 107:20, "Envió su palabra y los sanó". Esta es la forma que El usa para sanar nuestras almas y también nuestros cuerpos. He sabido de muchos que han sido sanados después de haber leído las palabras de Isaías 53:5: "Por sus heridas, SOMOS nosotros curados"; y después han dicho: "Dios dice que estoy sano, y yo voy a creerle a Dios y no a mis sentimientos". Diciendo y repitiendo lo que *El* dice y actuando de acuerdo a ello, aun el cáncer ha desaparecido. Cuando creemos firmemente y actuamos con fe en la Palabra de Dios, nada puede evitar que el poder de la Palabra haga todas las cosas de acuerdo a lo que la Palabra dice. Todo lo que tenemos que hacer es creer firmemente en lo que dice la Palabra y rehusar ver, creer o pensar en lo que la contradice. Tenemos que ponernos de parte de Dios y creer que todo lo que necesita nuestro espíritu, alma y cuerpo, YA NOS PERTENECE. Dios le dijo a Abraham: "Te HE HECHO padre de multitudes"; tomando el nuevo nombre "Abraham" —que significa "padre de multitudes— en fe, el patriarca continuamente repitió las palabras de Dios, "Yo SOY el padre de multitudes"; él consideró las cosas que no son como si fueran, dando gloria a Dios por adelantado, y lo que Dios había dicho se convirtió en realidad.

"Cuando creemos en lo que Dios ha hecho y ha dado, y todo lo que El dice que ha hecho y ha dado, y si obedecemos constantemente Su Palabra, Dios hace que todas las cosas viejas nos dejen y todo lo que es de Cristo aparezca en nosotros". (Sra. C. Nuzum).

La segunda epístola de Pedro, capítulo uno, versículo tres, nos dice que "todas las cosas que pertenecen a la vida y a la piedad nos han sido dadas". Esto incluye todo lo que necesitamos para el espíritu, alma y cuerpo, para esta vida y para la venidera. Jesús compró todo ésto para nosotros, y Dios dice que *ya nos lo ha dado*, Isaías 53:5 y I Pedro 2:24 declaran que Dios *nos ha* sanado. Colosenses 1:13 dice que Dios *nos ha* liberado del poder de las tinieblas. En Lucas 10:19 Jesús dijo: "He aquí os doy potestad sobre toda fuerza del enemigo, y nada os dañará". Romanos 6:18 nos dice que hemos sido libertados.

"Cuando nos apropiamos de todo esto, Dios nos advierte, como en el caso de Pedro, que nunca debemos poner nuestra mirada en las circunstancias o en nuestros sentimientos. Las olas eran tan altas cuando Pedro anduvo sobre ellas como cuando empezó a hundirse; mientras él no las miró, las olas no le fueron estorbo; mas en seguida que las miró, él dudó y se hundió. El viento también fue igual de fuerte cuando Pedro caminó perfectamente, como lo fue cuando se empezó a hundir. Como él no le prestó ninguna atención, el viento no pudo estorbarle. Aquí Dios nos enseña que si estamos ocupados mirando y sintiendo, en vez de mirar a Dios y a su Palabra, perderemos todo lo que El nos ofrece. Pero si firmemente rehusamos mirar cualquier cosa, excepto a Dios y a lo que El dice, tendremos y poseeremos todo lo que El dice que nos ha dado". *(Sra. C. Nuzum)*

Retén Lo Que Tienes

"Satanás está muy ocupado tratando de arrebatarnos lo que hemos recibido de Dios, y de lo que Dios nos ordena, "retén lo que tienes" (Apocalipsis 3:11). Jesús le dio poder a Pedro para caminar sobre el agua, pero el diablo se lo quitó haciendo que Pedro fijara su atención en el viento (representando lo que sentimos) y en las olas (representando lo que vemos). Pedro tuvo el poder y lo usó; mas lo perdió dudando". (Sra. C. Nuzum)

Hay muchos que pierden la manifestación de la sanidad, ya en acción, porque quitan su atención de Cristo y la Palabra de Dios y la ponen en sus sentimientos. Es de suma importancia que, antes de tomar el paso de fe para recibir sanidad, estemos completamente seguros que vamos a mirar solamente a Dios y a lo que El dice. Desde ese momento toda duda debe desecharse considerándola fuera de razón, ya que la evidencia en la cual hemos confiado es la Palabra de Dios. Considerar los sentimientos o los síntomas sería como si el agricultor desenterrara la semilla para ver si está creciendo. Esto mataría la semilla en la raíz. Cuando el verdadero agricultor siembra la semilla, se alegra de haber terminado su trabajo y cree que la semilla ha comenzado a hacer su obra antes de ver el crecimiento. ¿Por qué no tendremos la misma fe en la "semilla incorruptible", la Palabra de Dios, para creer que ya está haciendo su obra antes de ver los resultados?

Cuando queremos recibir sanidad sobrenatural, lo primero que tenemos que aprender es a deshacernos de la ansiedad acerca de la condición del cuerpo. Si lo hemos puesto en las manos del Señor, El se hace responsable de la sanidad. Esto nos hace sentir alegres y descansados porque sabemos que Su Palabra dice que El asume la responsabilidad por cada uno de los casos que se someten a El. Cuando por fe estamos recibiendo sanidad, el cuerpo y sus sensaciones desaparecen, y solamente vemos al Señor y a sus promesas. Antes de estar conscientes de cualquier cambio físico, la fe se regocija diciendo: "Escrito está". Jesús ganó sus grandes victorias diciendo "escrito está", y creyendo lo que estaba escrito. Cualquier sentimiento desfavorable debe estimarse como un aviso de que no debemos considerar el cuerpo, sino poner toda nuestra atención en las promesas de Dios y ocuparnos en El. Es mucho mejor estar en comunión con Dios y regocijarnos en su fidelidad que ocuparnos de un cuerpo enfermo. De esta forma hemos visto multitudes avanzando espiritualmente mientras otros pierden la dulce comunión con Dios entretenidos en sus sentimientos y síntomas.

Cómo Podemos Perfeccionar la Fe

En Marcos 9:24 leemos que el padre, buscando sanidad para su hijo: "clamó, y con lágrimas dijo, Señor, creo, ayuda mi incredulidad"; pidiéndole a Cristo que le ayudara, él recibió la ayuda necesaria elevándose a un lugar de poder más alto que los apóstoles y triunfando donde ellos habían fallado. En griego, el Espíritu Santo es llamado *"El Paracleto"*, lo cual significa "Ayudador"; gracias a Dios el cristiano puede tener Su ayuda siempre que la necesita. El Espíritu Santo está siempre preparado para obrar en nosotros "lo que es agradable ante Sus ojos"; ésto incluye la *fe* en sentido especial porque "sin fe es imposible agradar a Dios". Ya que la fe es especialmente agradable delante de Sus ojos, El quiere producirla en nuestros corazones a través de Su Palabra y su Espíritu. El Espíritu Santo siempre está listo para ayudar a todo cristiano en el ejercicio de la fe para obtener cualquiera de las bendiciones que se nos han prometido en Su Palabra. La Biblia nos dice que Jesús puede salvarnos hasta lo sumo y esto incluye, particularmente, nuestra incredulidad —pecado del cual el Espíritu Santo vino a redargüirnos. Por lo tanto, determinemos oír solamente Su Palabra, confesando a Dios nuestra incredulidad y creyendo en El para ser liberados, lo mismo que de cualquier otro pecado. Su gracia es siempre suficiente para que la fe triunfe y nos apropiemos de cualquiera de las misericordias que El ha provisto. El Espíritu Santo está siempre preparado para ejecutar el cumplimiento de cualquiera de las promesas que Dios ha dado.

¿Qué es lo que Hace Justo a un Hombre?

Una y otra vez se nos dice que Abraham fue "CONSIDERADO JUSTO". La historia de *cómo se determinó su justicia* es muy sencilla; EL CREYO A DIOS Y ACTUO DE ACUERDO A ELLO; tanto creyó y actuó que recibió de parte de Dios el cumplimiento de Su promesa. Hacer ésto es la suma total de justicia. Nada puede ser más importante o de igual privilegio, ya que es únicamente de esta forma que el glorioso programa de Dios para el individuo y la Iglesia puede llevarse a cabo. De ninguna otra forma la voluntad y la obra de Dios pueden hacerse. Cuando a Jesús le preguntaron, "¿Qué debemos hacer para poner en práctica las obras de Dios?" (Juan 6:28), su respuesta fue: "Esta es la obra de Dios, que creáis . . .". Dios puede obrar solamente donde encuentra el ejercicio de una fe viva en el cumplimiento de sus promesas; ya que creyendo a Dios somos considerados justos, es la *incredulidad* la que nos hace injustos; la incredulidad es vil e injusta porque interfiere y deja a un lado el programa de Dios, el cual consiste en todo lo que Dios ha prometido hacer como respuesta a la fe; no es sorprendente entonces, que Dios haya enviado su Espíritu para redargüir al mundo del pecado de la incredulidad. Cualquier otra cosa que no sea una fe viva para que la voluntad y la obra de Dios sean hechas, aunque lo llamemos religión, está reemplazando Su justicia, y por consiguiente es injusticia. La habilidad de Cristo para salvarnos hasta lo sumo consiste en Su habilidad para salvarnos de la incredulidad, la cual es detrimento en el glorioso programa Divino. El Espíritu Santo fue dado para guiarnos a toda verdad, para que podamos creer y para que todo el programa de Dios se lleve a cabo. Cuantos hay que creen EN Dios, pero no creen a DIOS como lo hizo Abraham; nuestro deber y privilegio, desde cualquier punto de vista que lo miremos, es tener una fe firme en la voluntad revelada de Dios para nosotros. ¡Oh, cómo Dios derramaría su gran poder sobre todo el mundo si todos los que profesan su Nombre se propusieran descubrir toda la verdad Divina! Esto es creyendo, apropiándose de las promesas por medio de la fe y actuando de acuerdo a esa fe.

La fe en Dios tiene un fundamento mucho más fuerte y un AYUDADOR (el Espíritu Santo) mucho más poderoso que el que pudieran tener la duda o la enfermedad. El Espíritu Santo librará nuestras mentes de toda duda si dependemos de El para que lo haga y si nos mantenemos atentos en la Palabra de Dios.

Las realidades eternas y gloriosas que Dios ha provisto para ser contempladas con el ojo de la fe, cuando son contempladas real y firmemente, *siempre* son más fuertes que el cáncer o la enfermedad que vemos con el nervio óptico. La duda, el pecado y la enfermedad *siempre* pueden ser destruidos si usamos "los ojos de nuestro entendimiento" correctamente; éste es el método infalible para que nos apropiemos de todas las bendiciones de Dios. Todas las gloriosas victorias de fe, registradas en el capítulo 11 de los Hebreos fueron el resultado del uso persistente y correcto de la "mejor vista".

"*La ley del Espíritu de vida*" que sana nuestras almas y cuerpos es mucho más fuerte que "la ley del pecado y de la muerte"; esta ley siempre nos dará la victoria, a menos que nosotros mismos seamos un obstáculo. Todo aquel que se propone obtener los beneficios de la expiación, tiene un AYUDADOR infinitamente capaz; si dependemos de El, su poder nunca fallará. Como la *gracia* de Dios es más fuerte que el pecado, *así también la virtud sanadora de Cristo es mucho más poderosa que la fuerza de cualquier enfermedad.* Y la evidencia que Dios nos da para que tengamos fe, Su Palabra, cuando ocupa la mente, es mucho más fuerte que cualquier evidencia que Satanás pueda mostrarnos para hacernos dudar.

¿Qué es el Ejercicio de la Fe?

Jesús dijo al hombre de la mano seca: "Extiende tu mano"; Cristo primero da fe y luego llama para que esa fe sea ejercitada; el hombre extendió su mano confiando en la fortaleza divina y fue sanado. Cuando nos esforzamos confiando en Dios, para hacer lo que sin El sería imposible, Dios obra con su poder divino y contesta nuestra petición quebrantando aun las leyes de la naturaleza. Asimismo es con cualquier cosa que Dios nos llame a hacer: "todas las cosas son posibles (no para el que se siente autosuficiente, sino) para el que *cree*"; vemos que la habilidad de este hombre, no está en lo que pueda hacer él mismo, sino *en Cristo*, en quien encontramos completa salvación: *"Todo* lo puedo *en* Cristo que me fortalece". A través de nuestra unión con Cristo, la Vid Verdadera, la fortaleza *ya* es nuestra, pero tenemos que darle uso. Fue el esfuerzo de extender la mano lo que le abrió el camino para recibir el toque sanador y que fluyera vida divina; este *acto* de fe comenzó en lo natural y se convirtió en la puerta de entrada para que lo sobrenatural supliera la necesidad del hombre. Dio lugar a la acción sobrenatural por virtud del poder divino impartido, a un ejercicio del cuerpo que antes era imposible debido a la condición física, un acto ajeno a las fuerzas naturales, hecho solamente por la mano de Dios.

El acto de fe no es solamente un acto *físico*, encierra el ejercicio del *corazón* y la *mente* para con Dios. El ejercicio total de la fe envuelve el pensar fe, hablar fe y actuar fe. El resultado es la manifestación de todo lo que la fe adquiere de acuerdo a la promesa de la Palabra. Usted se preguntará: ¿cómo podrá un ciego ejercitar la fe para sanidad o de alguna otra aflicción que no interfiera con el movimiento del cuerpo? Al hombre ciego, Jesús le dijo: "Ve, lávate en el estanque de Siloé"; este acto le dio al hombre la oportunidad de ejercitar su fe en el corazón, en la mente y en el cuerpo. Lo mismo ocurrió con Naamán, los diez leprosos y con el centurión. En cada caso ellos se fueron confiando en la Palabra de Cristo y creyendo que ya habían sido sanados mucho antes de experimentar la sanidad.

Si usted depositara mil dólares en el banco y luego me dijera que me ha hecho un regalo de tal cantidad, si yo le creyera, actuaría mi fe y giraría cheques cada vez que necesitara el dinero; yo no he visto el dinero en el banco, pero es tan mío como si lo hubiera visto o lo tuviera en mis manos; así también es la sanidad para nuestras almas y cuerpos en Cristo, a quien Dios le ha entregado la tesorería de todo lo que El es. La enfermedad, de la cual yo he sido redimido, ya no me pertenece, en su lugar me pertenece la sanidad. Por lo tanto, yo comienzo a investigar la sanidad. ¿Cómo? Tratando de hacer en Su nombre lo que no puedo hacer sin El; ésto es actuar en fe, adquirir salud y fortaleza del Banco de Dios, es contando con algo que no vemos ni sentimos, pero que sabemos por la Palabra de Dios que nos pertenece, de la misma forma que sabemos que el dinero que está en el banco nos pertenece aunque no lo toquemos o veamos.

"Alguien puede preguntar: '¿Cómo puedo decir que he sido sanado cuando aún veo la enfermedad en mi cuerpo y siento dolor?'. Hay una ilustración que nos puede aclarar esta verdad: uno de los métodos para matar un árbol es haciéndole una incisión circular en la corteza; cuando vemos un árbol al cual se le ha hecho este tratamiento, lo consideramos muerto aunque dé señas de vida y su follaje esté fresco y verde. El ojo natural ve vida, mas el ojo mental, el cual conoce más allá de lo que ve el ojo natural, ve muerte. A su tiempo, la hoja se seca y cae y la muerte, vista primeramente por el ojo mental, se hace manifiesta a los sentidos; lo mismo ocurre cuando buscamos sanidad para el cuerpo. Cuando reclamamos la Palabra de la promesa, recibiendo por fe una obra consumada, la 'Espada del Espíritu' da el golpe de muerte a la enfermedad; puede que los síntomas permanezcan por un poco de tiempo, mas el ojo de la fe que contempla al Crucificado ve a la enfermedad anulada y recibe la sanidad 'llamando las cosas que no son como si fueran'. La nueva vida se manifiesta en el cuerpo, lo que el ojo de la fe vio al principio, la verdad manifestada a los sentidos; la fe ve a Dios en su amor y omnipotencia haciendo efectiva la palabra". *(Tomado de "Joyas de la Verdad en la Sanidad Divina" —"Gems of Truth on Divine Healing").*

Ser gobernados por la vista natural es poco científico porque no considera todos los hechos; pasa por alto las mejores y más grandes realidades. La sanidad por medios naturales deja de ser científica únicamente porque pasa por alto hechos muy importantes, tales como la operación sobrenatural en la enfermedad, así como contar con el privilegio de lo sobrenatural en su recuperación.

Damos gracias a Dios por los miles que han progresado espiritualmente ricibiendo sanidad en esta forma. El proceso de fe que trae la sanidad es una bendición mucho más grande que la sanidad misma. Muchos se hicieron famosos en las Escrituras por su fe porque buscaron a Dios por cosas que nosotros llamamos bendiciones *temporales*. Cuando hemos aprendido el proceso de fe para recibir sanidad, hemos aprendido a recibir todo lo que Dios promete en su Palabra. La Iglesia puede ganarse millones para el servicio a Dios y convertirlos en soldados de "la buena batalla de la fe", ofreciéndoles la sanidad que Cristo compró para ellos. Permita Dios, querido lector, que aprendiendo a recibir sanidad de esta manera, puedas entrar a una vida de fe y provecho en el Reino de Dios.

8

COMO OBTENER RESPUESTA A SUS ORACIONES

Es muy importante que los que buscan la misericordia de Dios entiendan que la fe que se apropia de esa misericordia es la fe que *toma* y *usa* lo que Dios le ofrece. Tener *esperanza* es *esperar* una bendición que vendrá en el *futuro*, pero la *fe* es *apropiarse hoy mismo* de lo que Dios nos ofrece.

Tenemos que creer lo que Dios dice que ha hecho por nosotros y actuar de acuerdo con ésto, tomando nuestra libertad comprada con sangre, tal y como lo hicieron los esclavos del sur de los Estados Unidos después de la proclamación de la Independencia hecha por Abraham Lincoln.

"El Evangelio es la proclamación que libera al mundo entero de la servidumbre y yugo del viejo tirano, amo del pecado y la enfermedad: el diablo". Cuando Jesús dijo "consumado es", dio a entender que la obra había sido terminada; lo que Jesús dice que ha sido hecho, Dios espera que lo consideremos hecho. Los pretéritos en la Palabra de Dios significan una decisión final de la voluntad de Dios, establecida y sellada por El.

En Gálatas 3:13 leemos, "Cristo nos *redimió* (pasado) de la maldición de la ley, hecho por nosotros maldición"; Dios dice que ya Cristo nos redimió de la maldición de la ley y recibimos liberación cuando así lo creemos; en el capítulo 28 de Deuteronomio, vemos que todas las enfermedades estaban incluidas en la maldición de la ley.

Leemos en la Palabra de Dios: "Ciertamente llevó (pasado) El nuestras enfermedades y sufrió nuestros dolores", "El mismo tomó (pasado) nuestras enfermedades y llevó nuestras dolencias"; "Por cuya herida fuimos (pasado) nosotros sanados".

Dios quiere que nos apropiemos de Su Palabra, la cual dice que la redención de la enfermedad de nuestras almas y cuerpos, ha sido ya efectuada y que sigamos adelante creyendo y obedeciéndole. Cuando Dios nos promete algo, diciendo que ya ha sido hecho, El nos autoriza y espera que así lo creamos y hagamos lo mismo.

En Marcos 11:24 Jesús nos autoriza y nos ordena que cuando oremos pidiendo una bendición, consideremos la respuesta a la misma como ya recibida. El dice que *cuando pidamos lo que El ofrece:* "creed que *lo recibiréis* y os *vendrá*". Tenemos que continuar creyendo que Dios ya nos ha dado lo que pedimos en oración, y continuar alabando y dándole gracias por lo que El nos ha dado. *Después* que creemos que hemos recibido lo que hemos pedido, después que creemos que El ha escuchado nuestra oración, Dios comienza su obra. *Entonces* la semilla indestructible de Su Palabra comienza a crecer.

Creer que Dios ha escuchado nuestra oración antes de ver que la bendición se manifiesta, es la tierra en la cual la "semilla incorruptible", Su Palabra, crece y lleva fruto. Creer que Dios *ha* escuchado nuestra oración es poner la semilla en la tierra y *entonces* (no antes) comienza su obra.

Lázaro aún estaba muerto cuando Jesús dijo: "Padre, gracias te doy por haberme oído"; los que oran por salud también deben decir, antes de recibir la sanidad: "Padre, gracias te doy *por haberme oído*". La oración de *fe* es aquella que cree que nuestra oración ha sido escuchada *antes* de ver la respuesta. "Y ésta es la confianza que tenemos en El, que si pedimos alguna cosa conforme a su voluntad, El nos oye. Y si sabemos que El nos oye en cualquier cosa que le pidamos, *sabemos* que *tenemos* las peticiones que le hemos hecho".

Es *antes* que experimentemos o estemos conscientes de cualquier cambio, que la fe se regocija y dice "Escrito está"; cuando oramos por salud tenemos que decir con la autoridad de la Palabra de Dios: "Padre, gracias te doy por haberme oído".

La fe rehusa ver (como una razón para dudar) cualquier cosa contraria a la Palabra de Dios. Ve a la salud y a la fortaleza que vemos a heredar como si ya nos pertenecieran por causa de la muerte del que ha escrito el testamento. Por su muerte, el testamento ha entrado en vigencia. Jesús nos dice: "como *creíste, te sea* hecho".

Con los ojos naturales vemos solamente las cosas temporales e inferiores de la tierra; pero con los ojos de nuestro entendimiento vemos lo superior, realidades eternas del reino espiritual e imperecedero de Dios y que nos llenan de satisfacción.

Dios le dijo a Abram: "Te he puesto por padre de muchedumbre de gentes" (pasado) y como Dios lo contaba como hecho, Abraham actuó en fe tomando su nuevo nombre "Abraham" el cual significa "padre de multitudes".

Un hombre puso cierta cantidad de dinero en el bolsillo del abrigo de su esposa; después de hacérselo saber a ella, le preguntó si le creía. Ella respondió: "claro que sí", y comenzó a pensar cómo iba a usar el dinero. Ella creyó que tenía el dinero antes de verlo. ¿Cómo podemos creer en la palabra de *otros* y demandar evidencia cuando Dios nos habla?

Si alguien le entregara el título de propiedad de una casa que usted nunca ha visto, la casa le pertenece aunque no la haya visto. "Fe es la evidencia (título de propiedad) de las cosas que (todavía) no se ven"; el título de propiedad hace la casa tan suya que usted puede venderla aun sin haberla visto. Fe es creer que usted tiene lo que Dios dice que tiene y actuar de acuerdo a eso, aun antes de sentir o ver que lo tiene.

Dios le dijo a Josué: "Mira, yo *he* entregado en tu mano a Jericó"; Josué y sus hombres creyeron que así lo haría Dios y las murallas de Jericó cayeron mientras ellos actuaron en fe.

Jesús le dijo a los diez leprosos que pidieron misericordia: "Id, mostraos a los sacerdotes"; Sus palabras eran como si les hubiera dicho: "Yo les he dado mi palabra que ya ha sido hecho"; ellos conocían lo que decía la ley acerca de los leprosos y sabían lo que el mandamiento de Jesús significaba. Así que ellos creyeron antes de ver la sanidad, y ésta fue manifestada mientras ellos actuaron en fe.

Jonás creyó antes de ser liberado y llamó a sus síntomas "vanidades ilusorias", e hizo sacrificio de alabanza aun estando en el vientre del gran pez. Esto le dio resultado.

La razón por la cual miles no reciben lo que piden en oración, es porque se mantienen pensando que sus bendiciones vendrán más adelante, en un tiempo futuro, lo cual es solamente ESPERANZA y no la *fe* que se *apodera* de las bendiciones, AHORA.

Si todos los regalos de Dios para el alma y el espíritu, fueran solamente dones PROMETIDOS, tendríamos que esperar por El que promete para que cumpla sus promesas y la responsabilidad recaería sobre El. Pero todas las bendiciones de Dios son dones OFRECIDOS así como también prometidos y tienen que ser aceptados; la responsabilidad para recibirlas es *nuestra;* ésto deja a Dios libre de toda responsabilidad por cualquier falta.

La única razón por la cual usted no fue salvo un año antes de su actual conversión fue porque usted no tomó la provisión de Dios que le estaba ofreciendo; Dios no le estaba haciendo esperar, usted era el que estaba haciéndolo esperar a El.

Algunos dicen: "Dios me sanará a su debido tiempo"; ésto es solamente ESPERANZA y no fe; la fe SE APODERA de lo que Dios ofrece AHORA.

9

LA FE QUE SE APODERA

"Por tanto, os digo que todo lo que pidiereis orando, creed que lo recibiréis, y os vendrá".
Marcos 11:24

"Fe es la convicción (o título de propiedad) de las cosas que no se ven" (Hebreos 11:1). En el libro de Jeremías se habla repetidamente del título de propiedad como "la evidencia"; su título es "la evidencia" o prueba que usted es el dueño de su casa. Entonces la fe es el título de propiedad de lo que usted todavía no ha visto. Cuando a usted se le da el título de propiedad de una casa que todavía no ha visto, ya la casa le pertenece aunque no la haya visto. Jesús dijo: "el que cree recibe". Moffat traduce Hebreos 11:1 de la siguiente manera: "Fe significa que estamos convencidos que tenemos lo que no vemos".

En Marcos 11:24 Jesús nos ordena que creamos que "hemos recibido" las cosas por las cuales hemos orado en el mismo momento que estamos orando y antes que veamos o sintamos. Bajo ésta condición El promete que "os vendrá"; fe por la sanidad del cuerpo, al igual que por el perdón de nuestros pecados, es creer por la autoridad de la Palabra de Dios, que hemos sido perdonados antes que sintamos el perdón. Solamente esto es fe porque "Fe es la evidencia de las cosas que no se ven". En seguida que se manifiesta la bendición que hemos tomado por fe, la fe por esa bendición se termina.

Si usted fuera el beneficiado del testamento de un hombre rico, usted sería rico inmediatamente después de la muerte del testador, aunque todavía no hubiera visto el dinero. Así también es con todo lo que se nos ha sido legado en la última voluntad y testamento de nuestro Señor, ya es nuestro; en virtud de Su muerte. Fe es sencillamente, usar lo que nos pertenece.

Con relación a la sanidad, al igual que al perdón de pecados, creer que "hemos recibido" sanidad cuando oramos, antes de ver o sentir, es "la confianza acerca de la cual nos habla Hebreos 10:35, 36. El Espíritu Santo nos dice que no perdamos nuestra confianza porque "tiene grande galardón"; Pedro nos dice que es la prueba de nuestra fe (la fe que cree que "hemos recibido") la cual "es más preciosa que el oro".

I Juan 5:15, 16 declara: . . . "sabemos que tenemos las peticiones que le hayamos hecho"; ésta es la "confianza" que tenemos al creer que hemos recibido lo que hemos pedido en oración, antes de que lo hayamos visto.

La higuera que Cristo maldijo se secó, no se secaron las hojas que se podían ver, sino la raíz, o sea que la muerte de la higuera no se pudo determinar, en primera instancia, sólo al mirarle las hojas.

Nuestra Proclamación de Libertad

El Calvario fue nuestra "proclamación de libertad", de todo lo que está fuera de la voluntad de Dios. Sencillamente tenemos que creer lo que Dios ha hecho por nosotros y actuar de acuerdo a eso; tenemos que apoderarnos de nuestra salvación, comprada con sangre, como lo hicieron los esclavos de los estados del sur de los Estados Unidos después de la proclamación de emancipación hecha por Abraham Lincoln. Supongamos que los esclavos, si hubieran juzgado por medio de la evidencia de los sentidos, hubieran dicho: "No me siento diferente; no veo cambio alguno; todo lo que me rodea es exactamente igual a lo que era antes", ¿será esto fe? se convirtió en fe solamente cuando ellos actuaron de acuerdo a la libertad que habían recibido.

De la misma forma, creyendo y actuando en la Palabra de Dios, todo lo que nos pertenece en Cristo se hace disponible; si llegásemos a aceptar cualquier otra evidencia física contraria a la Palabra de Dios, sería como anular la Palabra. Fe es creer lo que Dios dice en vez de creerle a la evidencia contraria de los sentidos; tenemos que resistir firmemente todo lo que contradiga a la Palabra de Dios; fe significa que hemos abandonado el reino de los sentidos.

Si un amigo suyo depositara cien mil dólares en el banco a su nombre, entregándole la libreta del banco y la chequera, me parece que lo que usted haría primero sería examinar su libreta del banco, en vez de mirar en su bolsillo vacío para saber cuánto dinero tiene. La Biblia es la libreta del banco del cristiano; Dios ha depositado en Cristo todo lo que necesitamos; ya nos pertenece, y rechazarlo no es la actitud que debemos asumir para con Dios. La actitud correcta hacia Dios y sus promesas, traerá el cumplimiento de ellas.

Usted tiene que recibir a Cristo antes de poder experimentar cualquiera de los maravillosos resultados que ocurren cuando le recibimos. Cristo primero, luego los resultados. Recibimos sanidad, vida divina y fortaleza, y todas las otras bendiciones prometidas, exactamente de la misma manera que recibimos a Cristo y somos perdonados. Si el perdón es invisible, ¿cómo lo recibimos? Respuesta: Teniendo fe en la Palabra de Dios. ¿Por qué no vamos a recibir sanidad divina, vida y fortaleza de la misma forma?

Cualquier bendición que haya sido recibida por fe tiene que haber sido aceptada antes de verla, antes de que se hubiera manifestado; si hubiera ocurrido de cualquier otra forma, no hubiera sido recibida por fe, la cual es la "evidencia de las cosas que no se ven". Los diez leprosos ya habían recibido sanidad, aunque no se hubiera manifestado externamente, cuando iban camino a mostrarse a los sacerdotes, que habían sido sanados. La sanidad de ellos se manifestó mientras actuaban en fe. "Yo soy tu Dios que te sana", es el anuncio que debe recibirse como la voz de Dios, creerse como un hecho del tiempo presente, y evaluarse de acuerdo a su precio.

Los Seis Sentidos

Como el perfume es extraño al oído, así también (de acuerdo a Marcos 11:24) lo es la fe, a los cinco sentidos naturales. No dudamos de la existencia de algo que vemos, porque no lo podemos oler, oír o probar. ¿Por qué dudaremos, entonces, de la existencia de lo que hemos tomado por fe (el sexto sentido) porque no lo podemos ver o sentir? Los cinco sentidos naturales pertenecen al "hombre natural" quien, de acuerdo a Pablo, "no puede percibir las cosas de Dios"; es solamente a través de nuestro sexto sentido —la fe— que podemos ver, tomar y asirnos de las bendiciones que Dios nos ofrece hasta que se hayan manifestado completamente. Consultar con nuestros sentidos naturales para obtener evidencia en cuanto a que nuestra oración ha sido contestada, es tan ridículo como tratar de oír con los ojos y ver con los oídos.

Cada uno de los seis sentidos trabaja en una forma independiente. Por ejemplo, podemos ver lo que no oímos, y oír lo que no vemos. Asimismo, podemos tener por fe lo que en principio no existía para los sentidos naturales. Es importante darnos cuenta que la evidencia de los sentidos que actúa como contraria, no es razón para dudar, porque la evidencia sobre la cual descansa la fe es perfecta; la fe es cuando creemos, aun cuando la evidencia de los sentidos sea lo contrario; Abraham recibió y creyó en la Palabra de Dios aun cuando la evidencia natural mostraba algo que era imposible.

Tenemos que tener el perfume antes de olerlo; tenemos que tener la comida antes de probarla; así también, tenemos que tener la sanidad antes de sentirla. La fe recibe el perdón y la sanidad y alaba a Dios por ellas, aunque no haya nada por lo cual alabar a Dios, y aunque los cinco sentidos no lo hayan experimentado. La habilidad que Dios le dio al criado de Eliseo, para ver a los ángeles no fue lo que los creó; los ángeles ya estaban presentes en Dotán mucho antes que el criado pudiera verlos.

Dios obra mientras mantengamos el hábito mental de la fe, mientras no miremos a las cosas que se ven sino a las que no se ven: a Dios, Sus promesas, Su fidelidad, Su justicia, etc. (II Corintios 4:18). La fe tiene que ver solamente con lo que no se ve o lo que no se siente. Tan pronto como lo que hemos tomado por fe se manifiesta a los sentidos, deja de ser fe.

La Actitud Mental Correcta

Ninguna persona que permita que sus sentidos dominen su mente puede tener una vida de fe victoriosa; la mente que es gobernada por los sentidos vive en el reino de la incertidumbre, hasta que la Palabra de Dios no toma dominio sobre la mente, la mente será regida por los sentidos y por las cosas que oímos y vemos. La mente y los pensamientos de los que buscan sanidad debe ser "renovada" hasta que esté en armonía con la mente de Dios, como lo revela la Palabra de Dios y señalamos en nuestros escritos. Fe para las bendiciones prometidas de Dios es el resultado de conocer y actuar en la Palabra de Dios. La actitud mental correcta o la "mente renovada" (Romanos 12:2) hace posible que todos puedan tener una fe firme. Dios siempre sana cuando obtiene la cooperación correcta.

Poseer Antes de Ver

Yo puse una cantidad de dinero en el bolsillo del abrigo de mi señora y luego le dije lo que había hecho; entonces le pregunté si ella me creía, "claro que sí" me contestó, dándome las gracias por el dinero. Antes de ver el dinero, ya ella lo tenía. ¿Por qué creemos en la palabra de otros y demandamos pruebas visibles de parte de Dios?

Continúe creyendo que Dios le ha dado lo que ha pedido en oración, alabando y dándole gracias por lo que le ha dado, y siempre será una realidad.

Vamos a explicar esto de otra manera: ya que el Señor ordena que creamos que "hemos recibido" las peticiones que hacemos al momento que oramos, antes que tomen una forma visible, está claro que existen en dos formas diferentes: primero invisible, luego visibles. Primeramente, "creed que lo recibiréis (lo invisible) y os vendrá (en su forma material o visible)".

Primero lo tenemos en el reino de la fe, después en el reino de los sentidos. Así es como Jesús, en Marcos 11:24, nos ordena que creamos que "hemos recibido" lo que pedimos en oración (en su forma invisible) antes que El lo cambie a su forma material o visible. Los ángeles en Dotán eran tan reales en su forma invisible, como cuando fueron hechos visibles al siervo de Eliseo. Cada uno de los diez leprosos había recibido sanidad en su forma invisible mientras iban a mostrarle a los sacerdotes su sanidad en forma material y visible.

Cuando Jesús dijo: "Padre, te doy gracias por haberme oído", la resurrección de Lázaro era una realidad en el reino de la fe; así también tenemos que creer que ya hemos recibido sanidad en forma invisible antes que Dios la cambie a su forma material o visible. El hecho que la "fe es la evidencia (o título de propiedad) de las cosas que no se ven", prueba que debemos tener las cosas por las cuales oramos en forma invisible antes que Dios pueda cambiarlas a su forma material o visible.

Todo el capítulo 11 del libro de los Hebreos registra las obras de los santos de Dios en el reino de la fe, antes que el resultado de su fe hubiera tomado forma visible. Todos los actos de fe están en el reino de lo que todavía no se ve; creer que hemos recibido las cosas por las cuales oramos al momento de la oración, es "la confianza" que debe ser firme e inmutable hasta que Dios cambie las bendiciones de las que nos hemos asido de su forma invisible, a la visible.

Caminar por fe es caminar con la clase de vista que mira y se ocupa en las "cosas eternas" de Dios, Sus promesas, Su fidelidad y tantas otras razones para tener fe; Pedro recibió "gozo inefable y lleno de gloria" creyendo sin haber visto, ninguna otra cosa que él había visto antes le dio tanto gozo, como el que ahora experimentaba porque creía sin ver.

El continuo sacrificio de alabanza y acción de gracias es hecho en el reino de la fe, o antes que nuestras bendiciones sean cambiadas a su forma visible. Jonás llamó a sus síntomas "vanidades ilusorias" y elevó sacrificio con voz de alabanza mientras aún estaba en el vientre del gran pez, los israelitas cantaron alabanzas cuando se dirigían a la batalla.

10

NUESTRA CONFESION

La razón por la cual muchas personas no reciben lo que piden en oración, es porque carecen de entendimiento acerca de la *confesión*.

Hebreos 3:1 se refiere a la vida cristiana como "confesión". La palabra griega que aquí se traduce como "profesión", es la misma que generalmente se traduce como "confesión".

En el idioma griego esta palabra significa "decir la misma cosa"; quiere decir creer y decir lo que Dios dice acerca de nuestros pecados, nuestras enfermedades y todo lo demás que está incluido en nuestra redención.

Confesión es una *afirmación* de la verdad bíblica que hemos abrigado; es sencillamente creer en nuestros corazones y repetir con nuestros labios la declaración de Dios de lo que somos en Cristo.

El Espíritu Santo dice en I Pedro 2:24: "Por cuya herida fuisteis sanados"; tenemos que creer y hacer la misma declaración; cuando afirmamos lo que dice la Palabra de Dios: "El apresura su palabra para ponerla por obra" (Jeremías 1:12).

La Fe Se Expresa A Través De La Confesión
"El Sumo Sacerdote de Nuestra Confesión"

Hebreos 3:1 nos exhorta a "considerar al apóstol y Sumo Sacerdote de nuestra confesión, Cristo Jesús". Como nuestro Sumo Sacerdote, Jesús obra a nuestro favor de acuerdo con lo que confesemos y con lo que esté en armonía con la Palabra de Dios.

Pablo nos dice que él ha predicado "la Palabra de Fe", que "si confesares con tu boca que Jesús *es el Señor*, y creyeres en tu corazón que Dios le levantó de los muertos, serás salvo. Porque con el corazón se cree para justicia, pero con la boca se confiesa para salvación" (Romanos 10:9-10).

Notemos que la confesión —decir lo mismo que Dios dice— es por *fe*. Esto es, creyendo y confesando *antes* de experimentar el resultado. La confesión es *primero*, *luego* Jesús, nuestro Sumo Sacerdote, responde con el nuevo nacimiento. No somos salvos primero para luego hacer confesión, sino que se confiesa para salvación, la confesión va antes de la salvación.

No existe tal cosa como salvación sin confesión. Fe es actuar en la Palabra de Dios; y esto siempre pone a Dios en acción para cumplir su promesa.

¿Qué es lo que Tenemos que Confesar?

Muy pocos cristianos hoy en día reconocen el lugar que ocupa la confesión en el plan de Dios para la apropiación de sus bendiciones. Siempre que se usa la palabra confesión, muchos piensan inmediatamente en la confesión de pecados, debilidades o fracasos. Este es solamente el lado negativo de la cuestión. Nuestra confesión *negativa* de *pecado* fue solamente para dar lugar a la confesión *positiva* "para salvación", toda una vida creyendo de corazón y diciendo todo lo que Dios nos dice en sus promesas.

Confesar para recibir salvación es el *comienzo*, luego le siguen otras *diferentes* formas. Primero el nuevo nacimiento, y luego cada una de las bendiciones prometidas en la Palabra de Dios. El cristiano debe actuar en todas las fases de salvación que conozca. Tenemos que creer con el corazón y confesar con la boca al grado de la "palabra de fe" que Pablo predicó —"todo el consejo de Dios", "las inescrutables riquezas de Cristo", "sin dejar de decir todo lo que era de beneficio para ellos".

Todo lo que Jesús hizo en su obra substitutiva, es como si fuera la propiedad privada del individuo por quien Cristo lo hizo. Así es que a lo largo de nuestra vida cristiana, Dios quiere que creamos de corazón y repitamos todo lo que El dice que somos en Cristo; no podemos ignorar o descuidar nuestra posición *legal* en Cristo porque esta es la base para los actos de fe que ponen a Dios en acción en el cumplimiento de Su Palabra; tenemos que confesar y susurrar en nuestro corazón: "en El soy completo". Cuando sabemos que Dios dice en Su Palabra: "Yo soy tu Dios que te sana", tenemos que creerlo y confesarlo, y Cristo actuará como nuestro Sumo Sacerdote haciéndolo una realidad.

Tenemos que confesar que el Calvario fue nuestra "Proclamación de Emancipación" de todo lo que está fuera de la voluntad de Dios y, actuar de acuerdo a eso. Tenemos que confesar que Cristo llevó nuestras enfermedades y que hemos sido redimidos de la maldición de la enfermedad. "Diga el débil: fuerte soy", porque "el Señor es mi fortaleza".

Nuestra confesión incluye:
    TODA la verdad bíblica;
    TODO lo que El proveyó en su sacrificio;
    TODO lo que envuelve el Sumo Sacerdocio;
    TODA la voluntad de Dios revelada.

Tenemos que confesar que nuestra redención es total. El dominio de Satanás ha terminado; porque el Calvario nos hizo libres. Como hicieron los esclavos del Sur de los Estados Unidos, tenemos que creer que nuestra proclamación de emancipación es la base de nuestra libertad, no los sentimientos o la evidencia de los sentidos.

Remisión es eliminar todo lo que nos unía a la vida antigua; somos una "nueva creación"; las cosas viejas pasaron, he aquí todas son hechas nuevas. Tenemos que confesar continuamente nuestra redención del dominio de Satanás.

Por supuesto, que no le vamos a decir a los demás que nuestra sanidad ha sido consumada, antes de que realmente haya sido; más bien les podemos decir a los que nos pregunten: "Yo estoy confiando en la Palabra de Dios".

Confesión Equivocada

Nunca somos más de lo que confesamos. La confesión negativa nos rebaja al nivel de lo que confesamos. Lo que realmente nos controla es lo que confesamos con nuestros labios. Nuestra confesión nos esclaviza si es negativa, o nos libera si es positiva. Hay muchos que siempre están hablando de sus fracasos y de su falta de fe, viviendo constantemente al nivel de su confesión. Cuando confesamos que s falta la fe, las dudas aumentan. Cada vez que confesa- dudas o temor, confesamos fe en Satanás y negamos bilidad y la gracia de Dios. Nuestras propias palabras nos esclavizan cuando confesamos dudas. Proverbios 6:2 dice: "Te has enlazado con las palabras de tu boca, y has quedado preso en los dichos de tus labios"; cuando dudamos de la Palabra de Dios es porque hemos creído alguna otra cosa contraria a Su Palabra. La confesión equivocada excluye al Padre, y da lugar al diablo.

Cuando aceptamos que nunca seremos más de lo que confesamos, hemos llegado al punto donde Dios puede usarnos. Tenemos que rechazar toda confesión negativa.

La enfermedad nos toma ventaja cuando confesamos el testimonio de los sentidos; puesto que los sentimientos y las apariencias no tienen lugar en el reino de la fe. El confesar la enfermedad es como si firmáramos, aceptando un paquete entregado por correo expreso; Satanás entonces podría usar el recibo, para mostrarnos que lo hemos aceptado. No aceptemos nada de lo que Satanás ofrece, "no déis lugar al diablo".

I Pedro 4:11 declara: "Si alguno habla, hable conforme a las palabras de Dios". Efesios 4:29 nos exhorta a que hablemos solamente la palabra "que es buena para la necesaria edificación"; no testificamos a favor del adversario, sino que *actuamos* en fe, *hablamos* en fe, y *pensamos* en fe.

El Espíritu Santo nos dice en Filipenses 4:8: "Por lo demás, hermanos, todo lo que es verdadero, todo lo honesto, todo lo justo, todo lo puro, todo lo amable, todo lo que es de buen nombre; si hay virtud alguna, si algo digno de alabanza, en esto *pensad*". El también dice en Proverbios 23:7: "Porque cual es su pensamiento en su corazón, tal es él"; en II Corintios 10:4, 5 dice: "las armas de nuestra milicia . . . son poderosas, . . . llevando cautivo todo pensamiento a la obediencia de Cristo". Tenemos que "refutar argumentos" y darle a la Palabra de Dios el lugar que le pertenece en nuestras mentes y en nuestros labios.

Tenemos que Tener "La Mente de Cristo"

Jesús recuerda cuando El llevó nuestras enfermedades; y el Espíritu Santo nos ordena: "no olvides ninguno de sus beneficios, El es quien perdona todas tus iniquidades, El que sana todas tus dolencias".

Dios nos transforma física y espiritualmente a través de la renovación de nuestras mentes: "Presentad vuestros *cuerpos* (el hogar o laboratorio de los cinco sentidos) en sacrificio vivo . . . transformaos a través de la renovación de vuestro entendimiento, para que comprobéis cuál sea la buena voluntad de Dios, agradable y perfecta" (Romanos 12:1).

Una ley espiritual que pocos reconocen es que somos gobernados por nuestra confesión; lo que confesemos con nuestros labios es lo que realmente domina al hombre interior. Haga que sus labios cumplan con su deber; no permita que destruyan la efectividad de la Palabra de Dios. Algunas personas confiesan con sus labios, pero lo que han dicho con sus labios lo niegan en su corazón. Ellos dicen: "sí, la Palabra de Dios es verdad", pero en sus corazones confiesan: "no lo es así en mi situación"; la confesión de sus labios no tiene ningún valor si su corazón la contradice.

Retengamos la Confesión

"Por lo tanto, teniendo un gran Sumo Sacerdote que traspasó los cielos, Jesús el Hijo de Dios, *retengamos* nuestra confesión" (Hebreos 4:14). La confesión de nuestra fe es la obra redentora que Dios obró a través de Cristo.

Se me ha dicho que me *afirme* en la confesión de la absoluta integridad de la Palabra; que me *afirme* en la confesión de la obra de Cristo en todos sus aspectos; y la confesión que "Dios es la fortaleza de mi vida". También se me exhorta a que me *afirme* en la confesión de que "ciertamente El tomó nuestras enfermedades y llevó nuestras dolencias", y que "por sus heridas he sido curado".

Esto lo dice Dios y tenemos que creer y *decir* las mismas cosas; tenemos que saber cuales son nuestros derechos, según han sido revelados en la Palabra de Dios, y luego *mantenernos firmes* en la confesión de los mismos.

Cuando usted sabe que Cristo tomó nuestras enfermedades y llevó nuestras dolencias, *"afírmese* en esta confesión".

Afírmese en la confesión que "mayor es el que está en nosotros que el que está en el mundo".

Confesemos lo que Cristo ha hecho *por nosotros*, para que pueda ser hecho *en nosotros*.

Mantengamos la confesión que hemos sido redimidos del reino de Satanás.

Retengamos nuestra confesión a pesar de toda la evidencia que nos sea contraria.

Dios declara que "por sus heridas yo he sido curado", y yo tengo que confesar lo que Dios dice acerca de mi enfermedad y *mantenerme firme* en esa confesión. Tengo que reconocer la verdad absoluta de estas palabras antes que pueda haber algún cambio visible y debo actuar de acuerdo a estas palabras, darle gracias a Dios por el hecho que El cargó mis enfermedades en Cristo de la misma forma que hizo con el pecado.

La sanidad es siempre la respuesta a un testimonio de fe. Algunos fracasan en situaciones difíciles *porque pierden su confesión*. La enfermedad, así como el pecado, es vencida cuando confesamos la Palabra; haga que sus labios cumplan con su deber; llénelos con la Palabra. Hágales decir lo que Dios dice acerca de su enfermedad; no les permita decir nada que sea contrario.

Creer en la Palabra de Dios de corazón, implica que nos hemos "despojado del viejo hombre" con su hábito de juzgar de acuerdo a la evidencia de los sentidos. La fe considera todos los síntomas contrarios como "vanidades ilusorias" —como hizo Jonás— y coloca la Palabra de Dios en lugar de los sentidos.

Nuestro único problema es mantenernos en armonía con la Palabra de Dios y no permitir que los sentidos usurpen el lugar de la Palabra. Abandonemos a Tomás el escéptico, que decía: "si no veo, no creo" y comprobemos las palabras de Cristo: "Bienaventurados los que no vieron, y creyeron". No hay vida en la Palabra a menos que no la confesemos, *entonces* se convierte en una fuerza sobrenatural. Haga que sus labios armonicen con la Palabra de Dios.

Su Oficio de Sumo Sacerdote

El ministerio sacerdotal de Cristo suple todas nuestras necesidades desde que experimentamos el nuevo nacimiento, hasta que entramos al cielo. ¿Por qué se nos ha dicho que mantengamos firme nuestra confesión?

Porque Cristo es el Sumo Sacerdote de nuestra confesión (Hebreos 4:14);

Porque El es un *Gran* Sumo Sacerdote;

Porque El es un Sumo Sacerdote *lleno de misericordia;*

Porque El también estuvo *rodeado* de debilidad;

Porque El vive para siempre "intercediendo por nosotros"; y está preparado para darnos "gracia para el oportuno socorro" (Hebreos 4:16).

Nuestro éxito está asegurado porque Cristo es el "Sumo Sacerdote de nuestra confesión"; cuando confesamos que "por cuya herida hemos sido curados" y mantenemos firme nuestra confesión, ninguna enfermedad puede desafiarnos. Dé gracias a Dios y alabe su nombre siempre que se vea confrontado por alguna necesidad incluida en la redención. Fe es dar gracias a Dios de corazón por la sanidad de la cual estamos seguros, aunque no se haya manifestado.

La confesión que nace de un corazón lleno de fe vence al diablo en cada batalla, fueron las palabras de Cristo las que sanaron a los enfermos rompiendo el poder demoniaco; esas palabras pueden hacer lo mismo ahora, si las creemos y las confesamos. La Palabra le sanará, si la confiesa continuamente. Dios hará que su cuerpo obedezca a la confesión de Su Palabra, porque "todo es posible para Dios" (Lucas 1:37).

Si yo me atrevo a decir que el Salmo 34:10 es verdad, "Pero los que buscan a Dios no tendrán falta de ningún bien", y sostengo mi confesión, Dios hará realidad todo lo que he confesado.

Nada le hará estar más firme y edificará su fe más rápido que la confesión.

Confiéselo primero en su corazón.

Confiéselo en voz alta en su habitación.

Repítalo una y otra vez.

Dígalo hasta que su espíritu y sus palabras concuerden; hasta que todo su ser entre en armonía y en completo acuerdo con la Palabra de Dios.

Las Palabras de Cristo están llenas de sí mismo, y cuando actuamos en ellas, nos llenan de Cristo; de la misma manera que obedeceríamos a Cristo si lo viéramos en Persona delante de nosotros, así también tenemos que obedecer su Palabra.

Confesando el Señorío de Cristo

Cuando venimos a Dios para ser salvos en su forma inicial, y en todas las otras formas que le siguen, nuestra confesión y sumisión al *señorío* de Cristo son necesarias. El Espíritu Santo dice en Colosenses 2:6: "Por tanto, de la manera que habéis recibido *al Señor* Jesucristo, andad en El"; Romanos 14:9: "Porque Cristo para esto murió y resucitó, y volvió a vivir, para ser *Señor* así de los muertos como de los que viven". La fe se apodera de cualquiera de las promesas de Dios implica que nos sometamos al *señorío* de Cristo. Cuando nos sometemos a El *como Señor* de nuestras vidas, El está presto:

>Para sanarnos,
>Para bautizarnos con el Espíritu Santo,
>Para darnos de su propia vida en abundancia,
>Para ser en nosotros una fuente que salta para vida eterna,
>Para hacer una experiencia de nuestra posición legal en Cristo,
>Para manifestar Su Persona en cada una de las bendiciones prometidas,
>Para ser El mismo nuestra fortaleza, nuestra porción, y nuestro todo,
>Para darnos el uso ilimitado de Su Nombre,
>Para darnos el poder de echar fuera demonios en Su Nombre,
>Para ungirnos para la predicación,
>Para darnos el poder de poner las manos sobre los enfermos, para que sean sanados.

Nuestro éxito y efectividad en el mundo será medido de acuerdo con nuestra confesión y con la tenacidad con que "retengamos" dicha confesión bajo cualquier circunstancia.

Dios en usted no puede ser más grande de lo que usted mismo lo confiese. Cuando esté pasando por necesidades, confiese que el Señor es su Pastor y que nada le faltará.

(La mayor parte de los pensamientos en este sermón han sido extraídos con permiso de los escritos del Rev. E.W. Kenyon, autor de "El Padre y Su Familia" (The Father and His Family); "El Maravilloso Nombre de Jesús" (The Wonderful Name of Jesus); "Dos Clases de Vida" (Two Kinds of Life); "Jesús el Sanador" (Jesus the Healer); "En Su Presencia" (In His Presence); "Dos Clases de

Amor" (Two Kinds of Love); "Dos Clases de Justicia" (Two Kinds of Righteousness); y "Poemas de Vida de Kenyon" (Kenyon's Living Poems). La dirección postal del señor Kenyon es la siguiente: P.O. Box 145, Seattle, Washington).

11

LA PLENITUD DE LA VIDA DE DIOS, EL SECRETO PARA LA VICTORIA

Sin una revelación divina, yo no puedo decirle a una persona la razón específica por la cual su oración por el cumplimiento de una promesa divina se retarda. Sí puedo, sin embargo, señalarle una verdad maravillosa, una de las verdades más importantes que Dios ha revelado, la cual es la única solución para la sanidad de todas nuestras enfermedades.

Por ejemplo, la tardanza en recibir sanidad es, en un sentido, una buena noticia —la buena noticia de que podemos tener más de la vida de Dios.

Hay cuatro palabras griegas en el Nuevo Testamento que se han traducido como "vida"; una de éstas significa "forma de vida", otra significa "vida humana" y la tercera, "conducta". Pero la palabra griega para la clase de vida que Jesús trajo al mundo es "zoe", traducida "Vida Eterna" y "La Vida de Dios".

El evangelio de Juan comienza con la palabra "zoe"; esta palabra se encuentra 130 veces en el Nuevo Testamento. Juan 10:10 nos dice que el hombre iba a tener el derecho a la abundancia de una nueva clase de vida, "la vida misma de Dios", nueva únicamente en el sentido de ser poseída por el hombre.

Hoy en día muchos ministerios se especializan en las "formas de vida" y la "conducta" en vez de la "vida eterna", "la Vida de Dios", la cual, cuando se recibe en abundancia, tiene vida en sí misma. Pablo oró por los cristianos ya llenos del Espíritu Santo "para que fueran llenos de toda la plenitud de Dios". Esto nos muestra que la "vida eterna" es Dios mismo, y todo lo que tenemos de ella es una parte inalterable de "la Vida de Dios".

Nos "llenamos de fe" cuando nos llenamos de la clase de vida que "cree todas las cosas".

Somos llenos del amor divino cuando nos llenamos de "la Vida de Dios", El cual es Amor.

"Todas las cosas son posibles" para "la vida eterna"; cuando la recibimos en abundancia, puede cumplir en nosotros cualquier promesa o condición en la Escritura. Cumplir en nosotros todo lo que la Biblia requiere o promete es precisamente lo que "la Vida de Dios" en nosotros debe llevar a cabo. Recibiendo suficiente de "la Vida de Dios", podemos ser "más que vencedores" en "espíritu, alma y cuerpo"; Dios quiere hacer *en* nosotros todo lo que El hizo en Cristo por nosotros.

"La vida eterna" recibida en abundancia nos transforma "de gloria en gloria, a la imagen de Cristo" cambia nuestra creencia en conocimiento; es la fuente de todas las bondades divinas, nos da la sabiduría de Dios, triunfa sobre "el mundo, la carne, y el diablo". Obra en nosotros lo que es "agradable ante los ojos de Dios".

Cuando nos llena con Su propia vida, Dios mismo se convierte en nuestra vida, nuestra paz, nuestra justicia, nuestra fuerza, nuestra fortaleza, nuestra salud, y el Preservador de "todo nuestro espíritu, alma y cuerpo"; es también nuestro celo, nuestro gozo, nuestra fe, nuestra gracia, nuestro Maestro, nuestra satisfacción y nuestro "todo lo que pertenece a la vida y a la piedad"

Las Bendiciones de Dios son Parte de Sí Mismo

Mientras más nos llena Dios de Su vida, más se manifiesta así mismo en nosotros en forma de bendiciones espirituales que El ha prometido. Este es el milagro y la esencia del cristianismo. Romanos 5:10 nos dice que somos "salvos por Su vida"; esto es una realidad para el alma y para el cuerpo.

Es imposible que podamos alcanzar la medida del propósito de Dios para nuestra vida de oración, si no hemos sido llenos de la Vida que "vive para hacer intercesión". En otras palabras, cuando la "vida eterna" inspira nuestras oraciones, entonces podemos pedir lo que deseemos y lo recibiremos. "La Vida de Dios" es el Sanador del alma y del cuerpo. Sanidad divina, vida divina y fortaleza divina *es Cristo mismo* "manifestado en nuestros cuerpos mortales"; la plenitud de esta nueva vida es mejor que la sanidad que produce. David se expresó diciendo: "el Señor es mi porción", "el Señor es mi fortaleza"; las bendiciones recibidas por David eran la manifestación *de Dios mismo* en diferentes formas. Dios nos da bendiciones espirituales dándonos de Sí mismo, nuestras bendiciones son una parte de Dios.

Jesús dijo: "Yo soy la Vid, vosotros sois los pámpanos"; la Vida de las ramas es una parte de la vida de la vid; la voluntad de Cristo es que todas las ramas estén *llenas* de Su propia vida. Cuando estamos *llenos* de la "vida eterna", somos uno con Dios, así como la bahía es parte del océano porque sus olas desembocan en la bahía. Pablo dice que los que están unidos al Señor son un espíritu con El. Quiere decir que nuestro espíritu y su Espíritu se funden en uno. Esta verdad provee una de las respuestas a la pregunta del por qué no somos sanados.

He oído a algunos cristianos expresar las razones por las cuales quieren ser llenos del Espíritu; me parece que todos los cristianos en el mundo orarían hasta recibir la llenura del Espíritu Santo si supieran de las muchas razones gloriosas que tiene el Espíritu Santo para llenarlos de sí mismo. Una de sus razones es que El no quiere que nada impida su obra maravillosa de avivar continuamente nuestro espíritu, alma y cuerpo. En Juan 6:63 Jesús dijo: "El Espíritu es el que da vida"; en Romanos se le llama "El Espíritu de Vida", toda vida es el resultado directo de la acción del Espíritu Santo; su trabajo es el de impartirnos continuamente la vida de Jesús, quien es la fuente de vida verdadera para el alma y el cuerpo de los hijos de Dios. Cuando no estamos llenos del Espíritu Santo, lo cual es la condición de Su obra perfecta, Su obra de avivar y aumentar la vida divina en nuestro cuerpo, alma y espíritu es estorbada o limitada.

Jesús dijo que El vino, no sólo para que tuviéramos vida, sino para que la tuviéramos en abundancia. Y no podemos tener Su Vida en la medida que El lo desea, a menos que seamos llenos del Espíritu Santo. La permanencia del Espíritu Santo que Cristo ordenó nos mantiene llenos de El; eliminando, por lo tanto, todo lo que pudiera impedir la obra vivificante y constante del Espíritu Santo en nosotros.

En el Salmo 119 David usa la palabra "vivificar" once veces. El sabía que el remedio, el único remedio, para todas nuestras enfermedades, es vida, y más vida abundante. Es bueno saber por lo que estamos orando. David deseaba ser vivificado, más Vida, alargar su vida. Por esta razón él buscó la bendicón, la cual es la raíz de todas las demás. El oró diciendo: "vivifícame conforme a tu misericordia", no tenemos que tener miedo de lo que pueda hacer la misericordia; nada es mejor; el servicio que de ella recibimos es "Vida Más Abundante".

"De Acuerdo a Tu Palabra"

En el verso 25 del Salmo 119 David oró diciendo, "vivifícame según Tu Palabra". Gracias a Dios, todos nosotros podemos orar con fe y recibir respuesta, todos los días, a esta comprensiva e inspirada oración: "Vivifícame según Tu Palabra", notemos que David pide ser vivificado "SEGUN TU PALABRA". El Espíritu Santo inspiró la Palabra de Dios y es el plano al cual El se sujeta, llevando a cabo al mismo tiempo Su obra de vivificación. Por lo tanto, ser vivificado "de acuerdo a la Palabra de Dios" significa estar completamente lleno de Su Vida —cuerpo, alma y espíritu.

Dios ha hecho de Cristo la tesorería de todo lo que El es; en El habita la "plenitud de la Deidad" y nosotros podemos ser llenos de todo lo que la Vid contiene. Las ramas no solante tienen vida, sino vida ABUNDANTE todo el tiempo. La llenura del Espíritu y su libre vivificación nos preserva, como dice Pablo, en espíritu, alma y cuerpo. Pablo dice además, que el Espíritu "vivificará TAMBIEN vuestros cuerpos mortales". En II Corintios 4:11 encontramos lo siguiente: "Para que también la vida de Cristo se manifieste en nuestra carne mortal"; si usted necesita que Cristo le sane, espere en Dios para que su Espíritu lo vivifique hasta el punto de que Marcos 11:24 sea una realidad en usted. Esto es exactamente lo que el Vivificador Divino quiere hacer por nosotros.

Oremos todos los días: "Vivifícame (dame más vida) SEGUN TU PALABRA"; Esto quiere decir de acuerdo a la revelación que encontramos en la Biblia, la cual nos muestra a nosotros mismos como Dios quiere que seamos. Cada vez que usted descubra algo nuevo en la Palabra, regocíjece y anímese porque es la obra del Espíritu, no la suya, que le ha vivificado a tal grado. Haga de ésta su primera oración cada día, porque es la condición estipulada para miles de bendiciones más. Esta es la forma en que Dios "cumple todo propósito de bondad en nosotros". El Espíritu Santo quiere vivificarnos hasta tal punto que todo lo que El ha revelado acerca de la Palabra de Dios, se cumpla en nosotros.

En el verso 50 de este mismo Salmo 119, David dice: "Tu dicho me ha vivificado", el Espíritu nos vivifica de acuerdo a nuestra confianza en la Palabra de Dios y en la medida que vamos encontrando de vez en cuando en la Palabra de Dios cada promesa o mandamiento. Esta vivificación será, como dice Pablo: "de gloria en gloria". Las palabras de Dios "son espíritu y son vida" para llevar a cabo exactamente lo que ellas revelan. Cuando oramos para ser vivificados "según *Su Palabra*", sabemos que estamos orando de acuerdo a *Su voluntad* y que podemos obtener la respuesta; porque "según su Palabra" significa de acuerdo a sus promesas y a sus mandamientos. Mientras más requiera la Palabra, mejor, porque la vivificación será mayor. Qué glorioso es el privilegio que, cuando nos sentimos que se nos acaba, podemos orar al Dador de la Vida diciendo, "Vivifícame", dame más vida. Necesitamos ser vivificados todos los días. Cuando Jesús estaba en la tierra, dijo: "Venga a mí y beba"; y ahora en el cielo sigue diciendo en el último capítulo de la Biblia: "y el que quiera, tome del agua de vida gratuitamente"; El quiere ser una fuente inagotable de vida en nosotros que salte y fluya "ríos de agua viva".

(La lectura repetida y la práctica fiel de este mensaje hará posible el cumplimiento, en usted, de cualquier promesa o condición en la Biblia. Su práctica, para mí, es una bendición que aumenta cada día, y siempre será así. —F.F.B.).

12

EL JARDIN DE DIOS

"Yo planté, Apolos regó, pero fue Dios quien hizo crecer la semilla... ustedes son el campo de Dios, que será sembrado".
  (I Corintios 3:6-9, traducción de Moffatt)

Cada ser mortal en la tierra ha sido "comprado por precio" para ser el jardín del Señor, en el cual Su "semilla imperecedera" crecerá y será cultivada para producir sus maravillas. Los cristianos verdaderos son la "finca" de Dios —Su "labranza", Su "campo", Su "jardín". Un "campo" pertenece a su dueño; por eso Pablo dice: "No sois vuestros; habéis sido comprados por precio"; Dios tiene el título de propiedad, somos absolutamente de Dios, le pertenecemos a El por derecho de creación y por derecho de preservación. Pero el hecho más glorioso es que le pertenecemos a El por derecho de redención —porque El nos "compró" con un precio infinito para que seamos Su "campo".

Sembrando la Semilla

Pablo le dijo a los Corintios: "Yo sembré". En la parábola del sembrador, Jesús dijo: "La semilla es la Palabra", la "semilla imperecedera"; Dios produce su maravillosa cosecha de la misma forma que lo hace el agricultor. Jesús dijo: "El sembrador salió a sembrar". La Palabra de Dios enseña lo que podemos esperar de El: "La fe viene por el oír", por conocer la voluntad de Dios para nosotros. Dios creó la semilla con el propósito que fuera sembrada en "buena tierra", donde pudiera germinar, crecer y producir fruto. Por eso, Pablo dice: "Yo sembré"; ya que la semilla no tiene ningún poder hasta tanto no se siembra.

El precio infinito que Dios pagó por el "campo" revela la importancia de sembrar la "semilla indestructible". Todas las obras maravillosas de Dios están potencialmente en la "semilla"; David decía: "Toda Su obra es hecha con fidelidad"; ésto quiere decir con fidelidad a sus promesas. Las obras de Dios se ven estorbadas mientras la semilla no caiga en "buena tierra". Su designio para todos nosotros es que nuestras vidas tengan por propósito hacer posible la germinación y el crecimiento de la "semilla indestructible"; nada puede tomar el lugar de la semilla, ni aun la oración. La oración no es la semilla, la Palabra es la semilla. El único propósito de las promesas de Dios es el cumplimiento de las mismas, ellas son la revelación de lo que Dios anhela hacer por nosotros. El Espíritu Santo, cuyo trabajo es cumplir las promesas, habla de ellas como "grandísimas y preciosas"; su grandeza se ve en la habilidad para suplir todas nuestras necesidades y para llenar toda nuestra capacidad. Su "inmutabilidad" las hace "grandísimas y preciosas", porque quitan toda razón para dudar y nos dan razones perfectas en las cuales podemos basar nuestra esperanza. Como "semilla", ellas no pueden ser cambiadas. Por esta razón ellas pueden llevar a cabo sus resultados maravillosos en cualquier tiempo y en cualquier jardín.

La ocupación principal del cristiano es demostrarle al mundo que las promesas de Dios son tan verdaderas hoy en día como lo fueron hace dos mil años atrás. Ellas fueron dadas para que fueran conocidas, reclamadas y pedidas en oración; y para que fueran sembradas y labradas por la oración. En Romanos 4:12, Dios habla de los cristianos como aquellos "que también siguen las pisadas de la fe que tuvo nuestro padre Abraham"; lo que quiere decir que debemos prestarles la debida atención a todas las promesas que Dios nos ha hecho de la misma manera que lo hizo Abraham con la promesa que Dios le hizo. ¿Será posible que Dios sea menos real para los hombres de esta dispensación del Espíritu Santo, de lo que fue para los que vivieron a la sombra de estas "cosas mejores"?

Jesús le dijo a algunos de los judíos de su tiempo: "Mi Palabra no halla cabida en vosotros"(Juan 8:37); ¿Qué lugar debe ocupar la Palabra de Dios en nosotros? Mi respuesta es que debe obtener y retener un lugar en los pensamientos, la memoria, la conciencia y los afectos. Debe obtener y retener en nosotros un lugar de honor, reverencia, fe, amor y obediencia y debe obtener y retener en nosotros un lugar de confianza y de autoridad.

Millones de personas cantan el glorioso himno "Firmes en las Promesas de Dios", cuando la realidad es que la mayor parte de las promesas de Dios nunca son reclamadas por la mayoría de los miembros de la Iglesia. Afirmarse en las promesas de Dios quiere decir hacer que se cumplan; significa que nos apropiemos de la bendición que cada promesa revela; y que oremos "la oración de fe" para su cumplimiento. Descuidar las promesas equivale a deshacer lo que su cumplimiento significaría si se hubieran realizado; además su valor debería determinar nuestro amor y estimación hacia ellas. Pablo se gozó al decir: "Yo sembré"; pero si todos los agricultores trataran la semilla, como millones de miembros de las Iglesias de hoy en día tratan "la semilla incorruptible" de Dios, el mundo se moriría de hambre.

Posibilidades en la Semilla

En la semilla hay posibilidades infinitas. Por eso deberíamos decir de cada uno, como se dijo al principio: "Ellos recibieron la Palabra con gozo". En el versículo más sencillo de la Biblia hay un mundo de bendición, así como en la semilla más pequeña hay un potencial tres millones de veces mayor, que la semilla misma. Un sólo versículo de la Escritura que se le permita germinar en un corazón humano puede crecer y dar una cosecha de miles de conversiones, más la "gloria eterna" que le sigue. A su tiempo, un grano de trigo puede cubrir un continente y alimentar a muchas naciones. Así también son los resultados de cultivar la "semilla incorruptible" tanto mayores y más deseables, que la cosecha de la semilla material, como los cielos son más altos que la tierra. Solamente la "semilla incorruptible" puede traer resultados imperecederos. La Biblia dice: "Cada semilla da fruto según su naturaleza"; y cada promesa, por la bendición prometida, revela la naturaleza de la cosecha de las promesas cumplidas.

La Riega

Pablo dice: "Yo sembré, APOLOS REGO". Toda semilla y todas las plantas en el jardín de Dios necesitan ser regadas con agua. Jesús dijo de la semilla que cayó en pedregales que "como no tenía raíz, se secó"; para que la semilla crezca, la tierra debe mantenerse mojada, es por eso que muchas de las plantas de Dios se están secando en vez de crecer porque no son rociadas constantemente. El jardín es un lugar para crecer. Pablo escribió a los corintios diciendo: "vuestra fe *crezca* en gran manera", "vuestro amor *aumente*". Todos fueron exhortados para que "*crecieran* en gracia"; por lo tanto, Dios le dice a cada uno de sus jardines: "sed llenos del Espíritu", manteniendo la tierra mojada. El agua es el Espíritu "que Dios le ha dado a los que le obedecen"; La plenitud del Espíritu es la condición para Su obra perfecta.

Como David Regaba la Semilla

Cada uno de los 176 versos en el Salmo 119 muestran la actitud de David hacia la Palabra de Dios. Con gozo él reconoce su obligación de mantener los preceptos de Dios con diligencia. El prometió diciendo: "Guardaré tus estatutos"; David le dijo a Dios: "En mi corazón he guardado tus dichos . . . Me he gozado en el camino de tus testimonios, más que de toda riqueza . . . Meditaré en tus mandamientos . . . Príncipes también se sentaron y hablaron contra mí; mas tu siervo meditaba en tus estatutos . . . Pues tus testimonios son mi delicia . . . No me olvidaré de tu palabra . . . Guardaré tus testimonios . . . Escogí el camino de la verdad . . . Por el camino de tus mandamientos correré . . . Guardaré tu ley, y la cumpliré de todo corazón . . . Me deleito en tus mandamientos . . . Guardaré tu ley siempre, para siempre y eternamente . . . Hablaré de tus testimonios . . . Los soberbios se burlaron mucho de mí, mas no me he apartado de tu ley . . . Cánticos fueron para mí tus estatutos . . . Mi porción es Jehová . . . Me apresuré y no me tardé en guardar tus mandamientos . . . Contra mí forjaron mentira los soberbios, mas yo guardaré de todo corazón tus mandamientos . . . Mejor me es la ley de tu boca que millares de oro y plata . . . Tu ley es mi delicia. . . Para siempre, Oh Jehová, permanece tu palabra en los cielos . . . De generación en generación es tu fidelidad . . . Si tu ley no hubiese sido mi delicia, ya en mi aflicción hubiera perecido . . . Nunca jamás me olvidaré de tus mandamientos . . . ¡Oh cuánto amo yo tu ley! Todo el día es ella mi meditación . . . De todo mal camino contuve mis pies, para guardar tu palabra . . . ¡Cuán dulces son a mi paladar tus palabras! Más que la miel a mi boca . . . Lámpara es a mis pies tu palabra, y lumbrera a mi camino . . . Juré y ratifiqué que guardaré tus justos juicios . . . Por heredad he tomado tus testimonios para siempre, porque son el gozo de mi corazón . . . Mi corazón incliné a cumplir tus estatutos de continuo, hasta el fin . . . Aborrezco a los hombres hipócritas; mas amo tu ley . . . Por eso he amado tus mandamientos más que el oro, y más que oro muy puro . . . Por eso estimé rectos todos tus mandamientos sobre todas las cosas, y aborrecí todo camino de mentira . . . Maravillosos son tus testimonios; por tanto, los ha guardado mi alma . . . Muchos son mis perseguidores y mis enemigos, mas de tus testimonios no me he apartado . . . Mi corazón tuvo temor de tus palabras . . . Me regocijo en tu palabra como el que halla muchos despojos". Todas estas declaraciones, y muchas más, se encuentran en el Salmo 119; ellas nos muestran como David regaba la Palabra. Pablo decía: "el que planta y el que riega son una misma cosa", *regar* la semilla es tan necesario como *sembrarla;* Dios no puede hacer que la semilla crezca si no la regamos.

Luego, dice Pablo: "es Dios, que da el crecimiento". El da sus promesas con este único propósito. El *siempre* hace crecer la semilla cuando se mantiene en buena tierra y ha sido *regada,* el *crecimiento* viene después de haber sido *regada.*

Jesús también dijo: "y produce fruto", *siempre* produce fruto. La intensidad de todo deseo santo es medido por el grado de amor divino que la persona posee. Por lo tanto, el deseo de *Dios* es mucho mayor que el de nosotros porque su amor es más grande. Su benevolencia es tan grande que sus ojos "contemplan toda la tierra" continuamente buscando oportunidad para bendecir a aquellos que lo hacen posible por la actitud de sus corazones. Lo que Dios ha prometido *nos pertenece.* La justicia de Dios demanda que El haga crecer la semilla cuando ha sido "sembrada" y "regada". Juan dice: "El es fiel y justo"; la palabra "justo" implica que Dios sería injusto si no cumpliera las promesas que nos ha hecho. Tenemos *derecho* a obtener lo que El nos ha prometido. Es ciento por ciento cierto que Dios hace que toda semilla crezca cuando es "sembrada" y "regada". Es algo que podemos probar, y en lo cual nos deleitamos ahora y eternamente.

Ya que la obra de la "semilla incorruptible" es *sobrenatural* y es "solamente Dios el que da el crecimiento", frecuentemente produce sus maravillosos resultados el mismo día que es "sembrada". Las promesas de Dios son para "HOY", su TIEMPO es siempre HOY. "Si oyereis HOY su voz, no endurezcáis vuestros corazones" (Hebreos 4:7). Si usted se tarda en aceptar las promesas de Dios, puede que no esté vivo mañana. Las promesas de Dios nos pertenecen HOY, y no estamos seguros de ellas en cualquier otro tiempo. De la única manera que podemos asegurarnos de las bendiciones prometidas de Dios es aceptando SU TIEMPO. Leemos en II Corintios 6:2: "He aquí AHORA el tiempo aceptable"; ya que AHORA es el tiempo que Dios tiene disponible, tenemos que aceptarlo como *nuestro* tiempo. El nos ordena que escuchemos su voz "HOY" y dice: "no endurezcáis vuestros corazones", esperando. En Marcos 11:24 Jesús dice: "Creed, y os vendrá" (significa "TOMAR"). ¿Cuándo? "AHORA" —"cuando ores". Antes que se manifieste la respuesta, la fe dice: "Padre, gracias te doy por haberme oído". Cuando usted no pueda VER o SENTIR diga: "este es el tiempo de confiar". Los resultados no se manifestarán hasta después que creamos que nuestra oración ha sido escuchada y continuemos creyendo. Dígale a Dios: "estás obrando ahora en respuesta a mi fe —cuento con tu fidelidad". El asunto pasa de nuestras manos a las manos de Dios al instante que lo sometemos a Dios. Pablo dice: "El es poderoso para *guardar mi depósito*" (II Timoteo 1:12). Pero Dios no promete guardar nada que no se le haya confiado. Esta es la manera de recibir todo lo que Dios nos ha prometido. Si los regalos de Dios para el alma y el cuerpo fueran simplemente dones PROMETIDOS, tendríamos que esperar por el que hace las promesas para que las cumpla, y la responsabilidad sería de El. Pero todas las bendiciones de Dios son dones OFRECIDOS así como prometidos y por lo tanto, tienen que ser ACEPTADOS; lo cual hace NUESTRA la responsabilidad de recibirlas. Esto libra a Dios de toda responsabilidad por cualquier fallo.

El Resultado de Regar la Semilla

¿Cuál fue el resultado de la actitud de David hacia la

Palabra de Dios, hacia el regar la semilla? Este joven pastor, regando la Palabra dentro de sí, se hizo "más sabio que todos sus maestros". Su actitud hacia la Palabra de Dios le hizo "un hombre conforme al corazón de Dios", le hizo el Salmista más reconocido en el mundo. Sus salmos han sido una bendición para millones, por cientos de años. Regando la semilla se convirtió en un escritor divinamente inspirado. Como toda semilla que se siembra produce a cambio *otras semillas*, así también las palabras de David en los Salmos se convirtieron en la "semilla imperecedera" de Dios, la cual ha germinado por siglos en los corazones humanos alrededor del mundo y sus palabras han sido los textos usados en miles de sermones.

David aprendió que meditar es masticar nuestra comida espiritual para obtener la virtud dulce y nutritiva de la Palabra en nuestros corazones y en nuestras vidas. La meditación tiene un poder digestivo que cambia la verdad en alimento espiritual. Pablo declara que es la Palabra de Dios la que "obra efectivamente en nosotros" transformándonos divinamente de "gloria en gloria"; David decía: "Entiendo más que los ancianos, porque guardo Tus preceptos". Porque guardaba en su corazón y observaba en su vida los preceptos de Dios, David comprendió a una temprana edad más de lo que aprendieron en toda una vida de experiencia, aquellos que vivieron antes que él. Aquel que comenzó su vida siendo un joven pastor, meditando y practicando los preceptos divinos, obtuvo tal sabiduría y conocimiento que se habla de él en II Samuel 14:17 como "un ángel de Dios", juzgando lo bueno y lo malo. En el mismo capítulo, la sabiduría de David es comparada con "la sabiduría de un ángel". El dijo: "Tu palabra me ha vivificado"; su ser completo fue vivificado de tal manera que la Palabra de Dios se cumplió en él; su vida estaba llena de alabanza y acción de gracias. Es mucho mejor ser el jardín de Dios que el jardín del diablo; ya que las posibilidades de la "semilla incorruptible" son infinitas, nada puede ser más benéfico que ser el jardín de Dios. Solamente Dios sabe cuál será la cosecha eterna. Recuerde que en toda su vida como cristiano: "USTED ES EL CAMPO DE DIOS QUE SERA SEMBRADO".

13

POR QUE ALGUNOS NO RECIBEN SANIDAD DE PARTE DE CRISTO

Veintidós Razones por las Cuales No Recibimos Sanidad

¿Si a través de las Escrituras está claramente revelado que la voluntad del Padre celestial es sanar: Siendo esto así, por qué en nuestros días muchos buscan sanidad, sin encontrarla? Muchas personas honestas se hacen esta misma pregunta. Hay diferentes respuestas para esta pregunta, las cuales mencionaremos brevemente, ya que por medio de estas respuestas, muchos que no habían podido recibir sanidad, han logrado examinarse a sí mismos, después de lo cual han sido gloriosamente sanados.

1. Falta de Instrucción — Ignorancia acerca del poder sanador del Evangelio

Pablo nos dice que "la fe viene por el oír, y el oír por la Palabra de Dios"; muchos han buscado sanidad en Cristo antes de oír o conocer lo suficiente de la Palabra de Dios para que en ellos se pueda producir una fe firme. Los miembros de la iglesia primitiva estaban de acuerdo en el asunto de proclamar el Evangelio completo: "No rehusaron anunciar o enseñar nada que fuese útil" (Hechos 20:20); ellos anunciaron "todo el consejo de Dios" (Hechos 20:27).

Hemos visto que la forma como Dios produce *fe para ser sanados* es la misma fe que El produce para *ser salvos* —o para recibir cualquier otra bendición. El que está necesitado debe aprender primeramente por medio de la Escritura, cuál es la voluntad de Dios en este asunto. La mano de la fe no puede extenderse para alcanzar y tomar de Dios, lo que el ojo de la fe no ve como la voluntad de Dios. Jesús dijo: "Y conoceréis la verdad, y la verdad os hará libres"; es la verdad de la Palabra escrita lo que nos libera— la verdad conocida, entendida, recibida, actuada, mantenida y firmemente creída, porque tenemos la fe apropiada que puede apoderarse de ella.

Pablo nos dice, que es la Palabra de Dios la cual obra poderosamente en aquellos que creen. La Palabra de Dios es la "preciosa semilla" y nunca deja de hacer su propia obra cuando es *conocida, recibida* y *mantenida* en "buena tierra", en la cual la buena semilla puede crecer.

Muchos no reciben sanidad porque tratan de obtener resultados de la semilla (la Palabra acerca de la sanidad). No conocen lo que es esa Palabra y no le dan el lugar que le pertenece. Tampoco la mantienen en la "buena tierra" en la cual puede traer fruto por sí misma. La semilla no puede obrar *en nosotros si no está en nosotros al haberla conocido y recibido.*

Antes de decir "Yo soy tu Dios que te sana" y prometer que iba a quitar todas nuestras enfermedades, Dios dijo *primero:* "Si oyereis con diligencia . . . e hiciereis todo"; ésto significa ser diligente en lo que se refiere a conocer, entender y practicar lo que Dios dice en Su Palabra acerca de la sanidad. *Tenemos que saber lo que Dios nos ofrece antes de pedírselo. El conocimiento de la voluntad de Dios, debe preceder a la fe, en cuanto a lo que deseamos que se haga.* Multitudes ignoran en nuestros días que la salud perfecta de sus cuerpos es la completa voluntad de Dios, revelada en Su Palabra escrita —la Biblia. Este conocimiento es *la única evidencia suficiente para la fe que se apropia.*

A menos que los que buscan sanidad puedan decir cuando son tentados: "Escrito está" y puedan citarle al adversario un promesa que presente la voluntad de Dios, su fe no puede mantenerse firme. Muchos enfermos han buscado sanidad sin éxito por muchos años porque han usado *una expresión que destruye la fe:* "Si es tu voluntad"; más tarde, las mismas personas han recibido sanidad a través de la verdad de Dios contenida y explicada en este libro.

Los miembros de la iglesia primitiva no solamente estaban de acuerdo enseñando este tema, sino que también levantaron sus voces a Dios a una en oración pidiendo "señales y prodigios" de sanidad. Oraron la "oración de fe" antes que los enfermos fueran traídos a las calles de Jerusalén; no fue la fe de un *sólo evangelista,* sino que fue la fe de *una compañía completa de creyentes,* la cual trajo sanidad a *"todos"* en las calles de Jerusalén, después de la ascención de Cristo (Hechos 5:14-16).

La mayoría de los ministros y miembros de las Iglesias de hoy en día, debido a su ignorancia y a sus tradiciones acerca del ministerio de sanidad, se oponen a este ministerio tal como fue enseñado, predicado y practicado en la iglesia primitiva.

En vez de orar unidos para recibir sanidad como lo hizo la iglesia primitiva; los miembros de la iglesia presente, no han aceptado la actitud de nuestro Señor acerca de la enfermedad, como se ha revelado en los Evangelios. En nuestros días, la oposición toma el lugar de la oración unida; la incredulidad ha tomado el lugar de la fe unida; muchos están tibios en vez de estar llenos del Espíritu, como lo estaban los miembros de la iglesia primitiva. Yo, entonces, les pregunto: Ya que somos miembros los unos de los otros, ¿a quién culparemos por el hecho de que muchos no reciban sanidad hoy en día, sino a la incredulidad de la Iglesia misma? Yo creo que usted está de acuerdo conmigo.

Vamos a suponer que la creencia general fuera, que el día de la regeneración ha pasado, como oímos regularmente decir: "la época de los milagros ha pasado"; ésto afectaría la obra del ministerio en cuanto a esta parte del Evangelio. Los obreros cristianos no tendrían éxito salvando almas, a no ser que lograran que la gente se apartara de las tradiciones falsas y pusieran la Palabra de Dios en su lugar. Supongamos que, en vez de haber sido así, se nos hubiera enseñado desde la infancia qué o qué dice de sanidad en las Escrituras se cumple como cualquier otra enseñanza, en este caso, estoy seguro que muy pocos tendrían dificultad en darle salida a su fe para poder ser sanados.

La Palabra de Dios es la que produce la fe para recibir sanidad. Hemos tenido el gozo de ver a cientos que fueron sanados, mientras escuchaban la verdad sobre este tema. Otros han sido sanados al leer nuestros escritos, los cuales les contestaron sus preguntas y quitaron los obstáculos que estorbaban su fe.

2. **La Segunda Razón por la cual muchos no reciben sanidad, es una consecuencia de lo que ya hemos expuesto.**

Cristo quiso continuar su ministerio de sanidad

durante su ausencia a través de toda la iglesia, la cual es su cuerpo, y no a través de un miembro desconocido del cuerpo. El dijo: "Estas señales *les* seguirán", refiriéndose a *la iglesia;* y no "le" seguirán, como si se tratara de una sola persona. No fue la fe de un sólo evangelista la que le trajo sanidad a todos los enfermos de las calles de Jerusalén, sino la de una iglesia llena del Espíritu. Esto ocurrió después de la partida de Cristo y de la llegada de su sucesor, el Espíritu Santo.

Algunos no se sienten a gusto en los servicios públicos de sanidad. Pero la manera como Dios sanaba, era a las multitudes en las calles; El quería darle a conocer Su compasión al mundo como la base para tener fe. Dios comenzó sus obras en esta dispensación como El quería que fueran continuadas, a través de toda la iglesia con cada miembro *llenándose continuamente* del Espíritu Santo.

El mayor número de conversiones, por ejemplo, se ha tenido por el derramamiento del Espíritu Santo, y a través de la iglesia unida. Y ésta fue la forma como todos fueron sanados en las calles de Jerusalén.

La mayoría de las veces que Dios se ha comunicado con el hombre, salvándolo y sanándolo, han sido por medio del derramamiento de su Espíritu y a través de una iglesia llena de su Espíritu, y unida en oración. Su método se revela en la promesa: "Derramaré mi Espíritu", y en la declaración: "Todos fueron llenos del Espíritu". Una iglesia que ora y está llena del Espíritu crea una atmósfera en la cual es fácil para Dios obrar y es difícil para el diablo intervenir, porque *esta atmósfera es el Espíritu mismo*, quien es más que un contrincante para el diablo.

En la zona del avivamiento, durante la campaña de avivamiento, de Finney y de otros grandes avivamientos, los pecadores se convertían tan pronto se bajaban del tren donde se estaba llevando a cabo el avivamiento. El Sr. Finney cuenta que esta unidad en oración fue tal, que cada persona adulta que estaba en una calle de tres millas de largo, se salvó, excepto una. Los cristianos se unieron en oración por esa única persona y fue salva.

Es cierto que las personas pueden llegar a ser salvas y sanas aun si no hay avivamientos, pero la forma como Dios obra, **por lo general**, es a través de su pueblo unido en oración pidiendo un derramamiento de su Espíritu. Leemos: "Todos éstos perseveraban unánimes en oración y ruego". ¡Qué raro es ver algo así en la actualidad!

Parte de la teología moderna mantiene a muchas personas ancladas en las bendiciones pasadas, sin la renovación diaria, de la llenura recibida cuando, por primera vez, fueron llenos del Espíritu Santo. A menos que la Iglesia esté llena y se mantenga llena del Espíritu Santo, es imposible que la atmósfera espiritual en las reuniones sea la que debe ser si lo que queremos es no limitar u obstaculizar a Dios. En esta atmósfera, producida por toda la Iglesia, llena del Espíritu Santo y de todos orando por la obra de Cristo, el poder de Dios estará presente para sanar como lo hizo al principio. La intención de Dios es que la iglesia esté llena y se mantenga llena del Espíritu Santo, quien sanó y salvó a las multitudes en la época del Nuevo Testamento.

Los resultados del cumplimiento de las promesas divinas, son las mismas en cualquier tiempo. Si usted quiere saber cómo obra el Espíritu en nuestro tiempo, sencillamente lea lo que El *hizo* cuando controlaba a la Iglesia totalmente. El libro de los Hechos es el plano por medio del cual el Espíritu Santo desea obrar durante su dispensación. De la misma manera que la iglesia primitiva en Hechos cuatro recibió la llenura del Espíritu Santo y prevaleció en oración pidiendo "señales y prodigios" de sanidad; así también, Santiago cinco exhorta a todos los cristianos a que oren por la salud de los enfermos con el mismo fervor, que lo hizo Elías cuando oró porque cayera la lluvia. Cuando los *ancianos* oraron la "oración de fe" en la Iglesia primitiva, no hacían más que expresar la oración de toda la Iglesia.

Juan dice: "Esta es la confianza que tenemos en El, que si pedimos algo de acuerdo a su voluntad, El nos oye"; ésto fue comprobado por toda la multitud de cristianos en el cuarto capítulo de los Hechos. *A todo cristiano en la actualidad se le exhorta a ser lleno del Espíritu Santo, y a prevalecer en oración por la sanidad de los enfermos.* Todo sacerdote debe estar ejerciendo su sacerdocio, pero el hecho de que la mayoría deja de hacer esto hoy en día, contamina el ambiente de las reuniones y hace que para el enfermo sea más difícil tener fe y para el Espíritu Santo, obrar.

El Santo de Israel es limitado por el fracaso de los cristianos, de vivir y caminar en el Espíritu; ésto se debe a que *estar lleno del Espíritu es la condición para Su obra perfecta;* esta clase de atmósfera es la que debe existir entre los cristianos. Pero, desafortunadamente, lo que regularmente vemos en nuestros días es a una pobre y afligida esposa rodeada de oposición de parte de su propia familia y, frecuentemente, de su propio pastor y miembros de la Iglesia. Por esta razón no recibe sanidad, porque está muy débil mental y físicamente para pelear la batalla por sí sola. Los mismos que se oponen a ella, son los que deberían estar orando con fe por su sanidad. *Todos* tenemos que llevar las cargas los unos de los otros, para que se cumpla la ley de Cristo.

Por lo general, los mismos que violan estas condiciones reunidas en la Iglesia primitiva, son los que preguntan por qué algunos no reciben sanidad. Esto se debe a que estos mismos incrédulos, son los que hacen imposible que la Iglesia esté unida en oración y tenga fe en la sanidad de los enfermos. La Iglesia no está en armonía con el programa de Dios.

En un extraordinario documento firmado por veinte obispos del gobierno de la iglesia Episcopal de Australia, se da un maravilloso informe de los milagros de sanidad que se han dado en las catedrales de esa iglesia, en varias ciudades de Australia. Ellos informan: *"La fe que se necesita no es simplemente individual sino una fe corporal, la fe del hogar, del ministerio y de toda la Iglesia. El cuerpo, y no un sólo miembro, tiene que cooperar con Cristo, su cabeza, si todos sus miembros enfermos han de ser sanados. Los grupos más afectados después de la misión, han sido los de las parroquias donde la ola de intercesión fue más grande y barrió más lejos... el mundo de hoy está esperando una nueva revelación de la presencia y el poder de Dios en la obra de la Iglesia y en la vida de sus miembros y ya ha visto y sentido una vez más el prodigio de la sanidad divina".*

Hoy en día, debido a la ignorancia, un gran número de miembros de las iglesias se oponen a aquello por lo cual la Iglesia primitiva prevalecía en oración. Ellos no han aceptado la actitud de nuestro Señor hacia la enfermedad; tampoco han reunido las condiciones que Dios desea para la sanidad de los enfermos, y son estos mismos los que se oponen a los que señalan los fracasos, de los cuales ellos mismos son en gran manera los responsables.

No es raro encontrar hoy en día a personas que, pudiendo estar haciendo las obras de Cristo, están advirtiendo a los enfermos que se aparten de los lugares donde las obras de Cristo se están haciendo. ¿No sería mejor si, más bien en cambio, advirtieran a la gente en contra de los lugares donde la confirmación, el bautismo, la membresía de iglesia o las reformas, toman el lugar del nuevo nacimiento?

3. **La Tercera Razón por la cual algunos no reciben sanidad es por la incredulidad colectiva**

A pesar de que Cristo obró milagros y sanó a todos los enfermos en otros lugares, cuando vino a su pueblo de origen, Nazaret, "no pudo hacer allí ningún milagro . . . por la incredulidad de ellos" (Marcos 6:5, 6). Consideremos esto bien. Cristo mismo, bajo la unción completa del Espíritu Santo, fue *obstaculizado por la incredulidad colectiva*. Siendo esta la verdad, ¿es acaso extraño que algunos en cualquier ciudad, *hoy en día*, no reciban sanidad? ¿Si en aquel tiempo Dios no permitió que el don de milagros operara en Cristo en un lugar donde, por su incredulidad, le consideraron mentiroso, por qué lo va a hacer hoy en día? Pablo, entre los inconversos, tuvo mejor éxito obrando milagros que el que tuvo Jesús en su propio pueblo (Hechos 14).

Las tradiciones que se le han inculcado a la gente de hoy, en lugar de la Palabra de Dios, en el tema de la sanidad, han tornado al mundo entero en un Nazaret de incredulidad. Lo que quiero decir es que, hoy en día, la incredulidad colectiva es casi general. Aquellos que predican el evangelio completo y oran por los enfermos se ven obligados a laborar en un Nazaret lleno de incredulidad. Solamente obtenemos resultados cuando nos podemos deshacer de las "tradiciones de ancianos" acerca de la sanidad enseñándole a la gente lo que la Biblia enseña con relación a este tema. Haciendo esto, me atrevo a decir que Jesús, no nosotros, ha tenido mayor éxito obrando milagros en todas las ciudades donde nuestras campañas de avivamiento se han llevado a cabo, que el que tuvo en su propio pueblo Nazaret. Por favor no me interprete mal. No estoy diciendo que *hemos* tenido éxito. Me refiero a lo que Cristo ha hecho, cuando y dondequiera que la gente ha sido iluminada por nuestro ministerio para que conozcan el privilegio que tienen en el asunto de la sanidad.

El hecho que el Señor Jesucristo no pudo hacer ningún milagro en Nazaret, ¿no es una prueba más de la incredulidad de ellos? Y, dicho sea de paso, ¿si es como algunos dicen que el enfermo *no necesita tener fe* para ser sano, por qué Jesús, a pesar de esto, no sanó a todos los enfermos en Nazaret? La Biblia nos da la respuesta: "por la incredulidad de ellos".

¿Si ponemos en duda la disposición de Cristo para sanar a todos los enfermos, atribuyéndole el fracaso de algunos que no recibieron sanidad, por qué, asimismo, no dudamos de su disposición para salvar a los pecadores y así poder explicar el hecho de que hay tantos perdidos en las iglesias?

En cierta ocasión, solamente una mujer, en medio de la gente que la apretaba, tocó a Jesús con la fe necesaria para recibir sanidad. Más tarde, multitudes completas hicieron lo mismo. Este es un asunto de iluminación y fe.

Después que los nueve discípulos no pudieron liberar al epiléptico que mencionan los evangelios, algún teólogo de aquel entonces, si hubiera habido uno como los teólogos de hoy, se hubiera agarrado de este fracaso para decir: "Ven, ahora tenemos la prueba de que no es siempre la voluntad de Dios, el sanar". Pero el padre quería que su hijo fuera sanado, el niño mismo quería ser sanado, y los discípulos (divinamente comisionados para echar fuera demonios y sanar enfermos) querían que el niño fuera sanado. Sin embargo, bajo circunstancias similares hoy en día, algunos dirían —debido al fracaso ocurrido—: "No es la voluntad de Dios que tal persona reciba sanidad". Ellos usarían el fracaso para inventar explicaciones teológicas. Mas Jesús bajó de la montaña para liberar a aquel niño, probando así que la voluntad de Dios era sanarlo aun cuando sus acreditados representantes no hubieran podido hacerlo. *¿Por qué mejor no hacemos teología de esta victoria?*

Cuando el padre del niño le dijo a Jesús: "Pero si puedes hacer algo", Jesús rehuzó asumir la responsabilidad por el fracaso. El le dijo: "si puedes creer". Entonces el padre del muchacho clamó y dijo: "Creo, ayuda mi incredulidad". El recibió la ayuda que pidió y tuvo éxito donde los mismos apóstoles habían fracasado; Jesús liberó al muchacho.

    Considerando el hecho que en el ministerio de sanidad nos vemos forzados a laborar en medio de casi una incredulidad universal, y aquellos que predican solamente la parte de la salvación del alma en los Evangelios, están laborando en medio de casi la aceptación universal de esa doctrina, yo creo que Dios está dando pruebas de la sanidad divina tan claras y convincentes como de la prueba de la regeneración; y esto casi sin ninguna enseñanza que produjera fe. Cuando considero la falta de enseñanza acerca de la sanidad divina, la pobre condición espiritual de las iglesias y su actitud general hacia esta parte olvidada de la sana doctrina, en vez de preguntarme por qué algunos no son sanados, me maravillo del éxito que Dios les está dando a los que oran por los enfermos. He visto la sanidad de sordo-mudos cuando casi ninguna persona en la audiencia esperaba la sanidad.

    Miles de los que ahora testifican que han sido divinamente sanados, están en tan buena salud física, como lo están espiritualmente la mayoría de los que profesan ser cristianos en cualquier iglesia. ¿Acaso no podríamos comparar favorablemente la salud *física* de aquellos que testifican que han recibido sanidad divina con la salud *espiritual*, con aquellos que se oponen al Evangelio de sanidad? ¿Acaso el promedio de los cristianos profesantes, es una mejor prueba de la doctrina de la regeneración que los de la doctrina de la sanidad divina al testificar haber sido divinamente sanados? Deberían ser, porque ellos han oído esta parte de la Palabra de Dios todas sus vidas, mientras que la gran mayoría de aquellos por quienes nosotros oramos y reciben sanidad, han oído la enseñanza de la Palabra de Dios en relación a la sanidad divina solamente por algunos días. Hay muchos hoy en día que han sido divinamente sanados después de haber sido sordos y mudos de nacimiento, los cuales pueden *oír* mejor *físicamente*, que lo que sucede con un gran porcentaje de los miembros de cualesquier iglesia pueden oír espiritualmente. He visto a muchos que no podían dar, siquiera un paso, hasta que oramos por ellos, los cuales caminan *físicamente* mejor que lo que un cristiano corriente puede caminar *espiritualmente*. Sin embargo, la mayoría de los cristianos han escuchado la Palabra de Dios toda su vida, la cual enseña la sanidad del *alma*. Por el contrario, estos otros han oído muy pocas veces la Palabra de Dios la cual enseña acerca de la sanidad del *cuerpo*.

¿Es realmente posible que todos los que han sido bautizados, hayan sido lavados de todos sus pecados? No, solamente los que tienen fe, lo que el agua es en la ordenanza del bautismo cristiano, lo es el aceite en la ordenanza de ungir al enfermo para recibir sanidad.

Vamos a suponer que alguno me dijera: "tal persona fue ungida pero no fue sanada". Yo contestaría: "tal persona fue bautizada, pero no fue salva, no fue sanada de la enfermedad del pecado". Si un hombre me dijera: "yo conozco a un hombre que fue ungido por usted pero que no recibió sanidad en su cuerpo"; yo le diría: "yo conozco a un hombre que usted bautizó y el cual no recibió sanidad en su alma". Miles que han sido bautizados, nunca han sido regenerados. Esto es infinitamente peor que el caso del cristiano que no recibe la sanidad de su cuerpo.

Algunos dicen: "si tal persona se sanara, yo creería en la sanidad divina". ¿Por qué no ser, entonces, más consistentes, y decir: "si tal persona se salvara, yo creería en la salvación"? Esto sería lo mismo que decir: "yo creo en la experiencia de tal persona, en vez de creerle a Dios y a Su Palabra, y en todas las experiencias de los otros miles que han sido salvados y sanados". Después que Dios ha sanado a miles de todas sus aflicciones, por qué no decirle: "no voy a creer hasta que no sanes a uno más".

¿Rechazaría usted la doctrina de la consagración porque algunos miembros de la iglesia no son consagrados, mientras que otros miles sí lo son? Una vez oí decir a un ministro, con relación a la obra de un evangelista: "él oró y ungió a tal persona, pero murió sin ser sanado". Sin embargo, el mismo ministro bautizó a cierta persona y lo trajo a la iglesia, proclamando de este modo al mundo que su alma había sido sanada de la enfermedad del pecado, pero este hombre murió sin haber nacido de nuevo y su alma se perdió; ésto es mucho peor que el cristiano enfermo que no recibe sanidad y muere así, para luego despertar en gloria.

Vamos a suponer que el testimonio de algunos de nosotros, cuando decimos que hemos sido sanados sea rechazado porque, después de un cuidadoso examen hecho por un médico experto, se prueba que nuestra salud física no es perfecta. Para ser consistentes, ¿por qué no le pedimos a un experto espiritual con discernimiento espiriutal, como lo tenía el Apóstol Pablo, que examine en la iglesia moderna a aquellos que se oponen al evangelio de sanidad, y rechazamos el testimonio de aquellos, que entre ellos, no den la medida de espiritualidad que de acuerdo a la Biblia, un alma saludable debe tener?

Después de presenciar la sanidad milagrosa de miles de personas, estoy convencido de que las pruebas de sanidad son tan claras y convincentes como las pruebas de regeneración. Sin embargo, no uso ninguna de estas respuestas a la oración, como argumento a favor de ninguna doctrina. En lo que a mí se refiere, siempre predicaré el Evangelio completo por el resto de mis días, aunque nunca más vea a otro hombre salvarse o sanarse. Estoy decidido a basar mis doctrinas en la inmutable Palabra de Dios y no en ningún fenómeno visible.

Ningún ministro puede esperar recibir resultados hasta que, por medio de la predicación de la Palabra de Dios, se produzca fe para lo que la Palabra de Dios ofrece. Durante todo un año, no hubo conversiones en sesenta mil iglesias en los Estados Unidos. Pero yo no me voy a aprovechar de este hecho para debatir la doctrina de la regeneración o a cualquier otra parte del Evangelio.

Algunos dicen: "nosotros creemos en la sanidad, pero en lo que no creemos es en su proclamación". He visto a algunos que no se regocijan con los que han tenido éxito recibiendo sanidad de parte del Señor, pero están listos a pregonar los fracasos, sin decir nada acerca de las victorias. Es un misterio para mí, cómo muchos cristianos no pueden regocijarse cuando un pobre hombre afligido es sanado por Cristo. Yo no me regocijo solamente cuando un enfermo recibe sanidad, sino que, ¡ me gozo también proclamando la misericordia de Dios para el mundo! "Hagan saber sus obras entre las gentes", es el mandato de Dios. Jesús le ordenó al endemoniado que había sido liberado que fuera a su propia gente y les contara acerca de la gran misericordia que Dios había tenido con él. Las Escrituras nos dicen que: "él comenzó a publicar en Decápolis la misericordia de Cristo", y en el próximo capítulo leemos acerca de multitudes, en Decápolis, que fueron sanados por Cristo; y esas multitudes glorificaron al Dios de Israel.

4. El mensaje de sanidad del Evangelio es obstaculizado y a veces anulado por las tradiciones de los hombres

Jesús le dijo a los maestros judíos, de su tiempo: "Habéis invalidado la ley por vuestras tradiciones". Hoy en día muchos predicadores han hecho algo peor, porque han invalidado una parte del Evangelio por sus tradiciones.

1) Una de estas tradiciones es *que Dios es el autor de la enfermedad* y que El desea que se enfermen algunos de sus adoradores. Es un misterio para mí, cómo alguien puede mantener este punto de vista contrario a las Escrituras y al ministerio de Cristo, quien por tres años sanó a todos los oprimidos por el diablo, o por lo menos, a todos los que vinieron a El para recibir sanidad.

Si la enfermedad fuera la voluntad de Dios para sus servidores, entonces cada médico estaría infringiendo la ley, cada enfermera estaría desafiando al Todopoderoso, y cada hospital sería un centro de rebelión en vez de ser un lugar de misericordia. Si Dios quiere que estemos enfermos, entonces es un pecado desear sanarse porque tenemos que amar la voluntad de Dios —cualquiera que esta sea—.

2) Otra tradición responsable por la muerte prematura de miles, después de haber padecido años de agonía física, es la enseñanza de que *podemos glorificar a Dios mejor si permanecemos enfermos y tenemos paciencia en vez de ser sanados divinamente.* Un ministro honesto, pero sin iluminación, frecuentemente se arrodillaba al lado de la cama de un enfermo con artritis o cáncer, o cualquier otra enfermedad peligrosa, y oraba: "Señor, ya que en tu amorosa providencia te ha parecido poner tu mano de aflicción sobre esta querida hermana, dále la fortaleza y la paciencia para llevar esta aflicción"; hace ésto en vez de obedecer el mandato de ungir a "cualquier enfermo" en la iglesia y orar la "oración de fe" para sanidad (Santiago 5:14), cuyo método, según John Wesley declara, fue el único proceso de sanidad en la iglesia, hasta que se perdió debido a la incredulidad.

3) La más común y gastada tradición es la que de-

clara que "la época de los milagros ya pasó". De todas las "tradiciones de los ancianos" o de los ministros de hoy en día, ésta es la más tonta, ilógica y antibíblica de todas las que conozco. El Espíritu Santo, la época en la cual estamos viviendo, es el único Hacedor de milagros por parte de Dios, el único Administrador de la voluntad del Padre, el que sanó todas las multitudes que vinieron a Cristo para ser sanados en los días de Su carne. Todos los milagros efectuados hasta el día de Pentecostés fueron hechos por el Espíritu, el Hacedor de Milagros, antes de entrar oficialmente a su propia dispensación.

La intención de nuestro Padre Celestial con relación a la época en que vivimos era que fuera la más milagrosa de todas las dispensaciones, por tratarse de la dispensación del Espíritu Santo. Durante esta época, la gran promesa de Dios era que El derramaría de su Espíritu Santo sobre toda carne. Esta es la época donde el Espíritu Santo vendría a morar dentro del hombre; la era en la que los nueve dones del Espíritu —incluyendo los dones de fe, sanidad y milagros— serían repartidos a cada hombre individualmente conforme a la obra del Espíritu. Jesús declaró que las obras que El hacía continuarían y aun "obras mayores" serían hechas por el Espíritu Santo, después de su exaltación.

Es absurdo y ridículo que cualquiera que se llame maestro de la Biblia, pueda seleccionar precisamente la época del Hacedor de milagros como la única época donde no se puede hacer milagros. Cuán ridículo sería para alguien enseñar que el Espíritu Santo obraría milagros en cualquier época menos en la suya; la cual es una "mejor" dispensación, con un mejor sacerdote, un "mejor pacto" con "mejores promesas", y todo "mejor" que cualquier época anterior.

Algunos hablan como si la época presente no fuera la época del Espíritu. Hay solamente una dispensación del Espíritu y la encontramos entre la primera y segunda venida del Señor. Es cierto, estamos viviendo en el período Laodiceo o tibio de la dispensación del Espíritu. Al principio de esta era la iglesia estaba llena del Espíritu. Ahora estamos en el período tibio de la misma era. En cuanto a mí (y gracias a Dios por todos los demás que son como yo) mi predicación y mi práctica estarán basadas en la predicación y en la práctica de la iglesia durante la época cuando estaba llena del Espíritu y no en la predicación y en la práctica durante su período tibio. Yo prefiero trabajar para traer a la Verdadera Iglesia a la altura de la Palabra en el primer siglo, en vez de tratar de acomodar la Escritura al nivel de la iglesia tibia del siglo veinte. En discursos anteriores hemos visto cómo Dios ha obrado milagros en cada siglo desde la culminación de las Escrituras hasta nuestros días. Esta prueba que esta gastada tradición que hemos considerado, ha sido completamente rechazada por los hechos de la historia.

4) Otra tradición se refiere a que *no es la voluntad de Dios sanar a todas las personas*. En nuestro libro "Cristo el Sanador" y en mensajes anteriores a través de la radio, hemos dado respuesta a esta objeción desde todo punto de vista posible. Si la voluntad de Dios fuera sanar solamente a algunos de los que necesitan sanidad, entonces nadie tendría una base para fundamentar su fe hasta que no recibiera una revelación especial, de que estuviera entre los favorecidos. Si las promesas de salud no fueran para todos, entonces ningún hombre podría usar la Biblia para afianzarse en la voluntad de Dios. ¿Acaso lo que estos maestros nos quieren decir es que, tenemos que cerrar nuestras Biblias y obtener una revelación directa del Espíritu, antes de orar por los enfermos? Técnicamente nos estarían diciendo que debemos enseñar que la totalidad de la actividad divina, con relación a la sanidad, tiene que ser gobernada por revelaciones directas del Espíritu en vez de ser por las Escrituras.

5) Hay otros que no pueden recibir sanidad porque se les ha enseñado a añadir a sus oraciones la frase: "*si es tu voluntad*", la cual destruye la fe. El Nuevo Testamento solamente habla de un caso, de uno que pidió sanidad de esta manera, el leproso que dijo: "si quieres, puedes limpiarme". Este hombre no podía orar de otra forma porque todavía no se había enterado de la voluntad de Dios en este asunto. Jesús no le sanó hasta que no añadió a la fe del hombre, que el *podía y quería* sanarlo. El "quiero" de Jesús eliminó el "si quieres" del leproso. Es imposible que alguno pueda orar con fe hasta que el "si quieres" sea eliminado de su oración. Tener fe verdadera es estar "completamente persuadido" que Dios hará lo que ha pro-

metido hacer. Nadie puede estar "completamente persuadido" si añade a su oración "si es tu voluntad". Ya que Dios ha revelado su voluntad en este asunto a través de sus promesas, decir "si es tu voluntad" cuando oramos es como si dijéramos: "si es tu voluntad complir tu promesa".

6) Otra de las premisas anti-bíblicas que ha ocasionado la muerte prematura de miles y ha mantenido a multitudes sin recibir sanidad, es la enseñanza moderna en cuanto al caso de *Pablo, y el aguijón en su carne*, que se trataba de alguna clase de problema físico. La falsedad de esta enseñanza la mostraremos en el siguiente sermón, el Aguijón en la carne de Pablo.

La expresión "aguijón en la carne" se usa solamente como ilustración en el Viejo y Nuevo testamento. Ni siquiera en un sólo ejemplo en la Palabra se usa "el aguijón en la carne" para referirse a la enfermedad. Cada vez que se usa esta frase en la Biblia, nos dice a qué se refiere específicamente. Por ejemplo, en Números 33:55 Moisés le dijo a los hijos de Israel antes de entrar a la tierra de Canaán: "Y si no echareis a los moradores del país de delante de vosotros, sucederá que los que dejareis de ellos serán por aguijones en vuestros ojos y por espinas en vuestros costados, y os afligirán sobre la tierra en que vosotros habitareis".

La Escritura nos dice claramente que los "aguijones" en los ojos y las "espinas" en los costados de los Israelitas, serían los canaanitas que se quedarían en la tierra y no eran problemas en los ojos o enfermedades. Dios usó esta ilustración solamente para demostrar que la manera como un aguijón fastidia enterrado en la carne, así los canaanitas serían una molestia constante para los hijos de Israel. Dondequiera que se usa esta expresión en la Biblia, se refiere a personajes.

Como en todas las demás situaciones en la Biblia, también en esta ocasión en particular Pablo identifica el aguijón en su carne. Pablo le llama "el mensajero (griego "angelos") de Satanás"; o como otros lo traducen "el ángel del diablo", "el ángel de Satán", etc.

La palabra griega "angelos" aparece ciento ochenta y ocho veces en la Escritura. Es traducida como "ángel" ciento ochenta y una veces, y "mensajero" las otras siete; todas las veces que se usa, se refiere a una persona y no a una cosa. El infierno fue hecho para "el diablo y sus ángeles", y un ángel o mensajero es siempre una persona enviada a otra —nunca se refiere a la enfermedad.

Pablo no solamente nos dice que el aguijón es un ángel o mensajero de Satanás, sino que añade que, el ángel viene para abofetearlo como cuando las "olas abofeteaban" el barco, y como cuando los soldados "abofetearon" a Cristo. El término "abofetear" significa golpear repetidamente. Si Pablo hablaba en sentido físico, tendría que haber sido una sucesión de enfermedades o la misma enfermedad repitiéndose varias veces; de otra manera, Pablo no hubiera usado el término abofetear.

En su traducción, Rotherman se refiere a este mensajero o ángel usando el pronombre "él". La traducción de Weymouth dice: "respecto a lo cual, tres veces he rogado al Señor para que me libre de *él*". Este pronombre, así como la palabra "ángel" o "mensajero", prueba lo que era el aguijón de Pablo. Pablo mismo lo muestra como una personalidad satánica, no una enfermedad. Pablo no pudo haber usado el pronombre "él" para referirse a una enfermedad porque la enfermedad no es una persona. Pablo enumera casi todos los problemas que hubiéramos podido pensar que habrían podido ser su aguijón, pero la enfermedad no era uno de ellos.

Haciendo y revelándonos la inalterable voluntad de Dios, Jesús sanó a todos los enfermos que vinieron a El, pero no nos prometió que no seríamos abofeteados o perseguidos.

Los que han oído nuestras trasmisiones, se han podido dar cuenta que Pablo fue el maestro más prolífero en el tema de la sanidad divina.

7) Otra tradición que limita el ministerio de sanidad es la enseñanza que, *Jesús sanó a los enfermos como Hijo de Dios y no como el Hijo del Hombre*. Estos maestros enseñan que como no somos cristos no podemos esperar que se hagan las mismas obras hoy en día. Las Escrituras nos enseñan que Jesús, el Hijo de Dios, se despojó a sí mismo y vino a ser como uno de nosotros en todo, excepto en pecado. El se llama a sí mismo "El Hijo del Hombre" cerca de ochenta veces, y como "El Hijo del Hombre" dice: "no puede hacer nada por sí mismo". Seguramente

que ésta no fue la verdad antes de que se convirtiera en el Hijo del Hombre, porque todas las cosas fueron hechas por El y para El. Ya hemos visto que Jesús hizo todas sus obras dependiendo del Espíritu Santo. Que El "comenzó a hacer y a enseñar hasta que fue recibido arriba", lo que El mismo prometió en Juan 14:12 lo continuaría y aumentaría en respuesta a la oración de la Iglesia cuando El fuera glorificado. Las mismas palabras que citamos de Hechos 1:1: "Jesús *comenzó* a hacer y a enseñar", prueban que el Señor "comenzó a *hacer* y a *enseñar* lo que el Espíritu Santo iba a continuar haciendo a través de la Iglesia.

5. Algunos no reciben sanidad porque infringen las leyes de la naturaleza

Debemos recordar que las leyes naturales son las leyes de Dios y ellas son tan divinas como los milagros de Dios. La naturaleza es Dios en acción, pero no milagrosamente. Por desconocimiento de las leyes naturales, algunos no se alimentan debidamente o, comiendo excesivamente, le piden a Dios que los sane de sus problemas estomacales. De esta forma están obstaculizando la respuesta a sus oraciones. Después que Dios se revelara como Jehová-rafa (nuestro sanador), las condiciones que El impuso fueron que sus leyes de salud tenían que ser observadas. Algunas personas que ignoran las leyes de la salud y de otros cuidados, necesitan el consejo de personas cualificadas en esta materia.

6. Otros no reciben sanidad debido a la incredulidad de parte del anciano o ministro que ora por ellos

Aunque habían sido divinamente comisionados para echar fuera demonios y sanar enfermedades, los discípulos de Cristo no pudieron liberar al muchacho epiléptico. Cuando Cristo bajó de la montaña, liberó al muchacho y reprendió a los discípulos por su incredulidad.

7. Algunos no son sanados porque su aflicción es la obra de un espíritu maligno que tiene que primero ser echado fuera

Jesús no sanó la enfermedad de la epilepsia, sino que echó fuera al *espíritu* epiléptico. También echó fuera los espíritus mudos, sordos y ciegos. El dice que aquellos que "creen", "en mi nombre echarán fuera demonios". Muchas veces hemos visto gente liberados instantáneamente cuando los espíritus que les afligen, han sido reprendidos en el nombre de Jesús o por su autoridad.

8. La iniquidad en el corazón de algunos les impide recibir sanidad

Los que están en esta categoría tienen que aprender a decir como David: "Si en mi corazón hubiese yo mirado a la iniquidad, el Señor no me habría escuchado". Dios no ha prometido destruir las obras del diablo en el cuerpo, mientras nosotros estemos apegados a las obras del diablo en nuestras almas. El pecado no confesado impide que la gente reciba la misericordia de Dios. Su Palabra nos dice, "El que encubre sus pecados no prosperará, mas el que los confiesa y se aparta alcanzará misericordia".

9. En este período laodiceo de la iglesia, la tibieza es uno de los impedimentos más grandes para recibir sanidad

Después de haber sido glorificado, Cristo envió el mensaje: "¡Ojalá fueses frío o caliente! Pero por cuanto eres tibio, y no frío ni caliente, te vomitaré de mi boca".

La tibieza es mucho peor que el cáncer, por lo tanto Dios quiere sanar la tibieza primero. El ha prometido y está esperando poder sanar nuestra reincidencia y llenar nuestros corazones con su amor. Dios dice de aquél, que tiene un corazón "caliente" en el amor de Dios, "porque en mí ha puesto su amor, yo también lo libraré". Servir a Jehová con alegría y gozo de corazón era una de las condiciones para recibir sanidad en el Angituo Testamento. Seguramente estas condiciones no serán de una exigencia menor en este tiempo de gracia.

10. La enfermedad y la aflicción permanecen en algunos como una rienda por medio de la cual Dios los lleva al centro de su voluntad. Cuando esto se logra, entonces la rienda es quitada

Si Dios quitara la rienda demasiado pronto, muchos huirían y no disfrutarían del placer de vivir en el programa divino. Es imposible orar la "oración de fe" para que la rienda sea quitada de aquellos, que no desean ser guiados al centro glorioso de la voluntad de Dios.

11. Un espíritu no perdonador, o que guarda rencor, impide que algunos reciban la sanidad del Señor

Jesús dijo: "Si no perdonáis a los hombres sus ofensas, tampoco vuestro Padre celestial os perdonará vuestras ofensas".

Lo primero que necesitamos y lo primero que Dios quiere darnos es el perdón de nuestros pecados. Pero Dios no puede perdonarnos si nosotros no perdonamos a los demás. Y si El no puede perdonarnos, seguramente tampoco podrá sanarnos. En muchas ocasiones hemos visto a enfermos ser sanados en un "abrir y cerrar de ojos" cuando están listos a perdonar a aquellos que les han ofendido".

12. Cuando ofendemos a alguien y no pedimos perdón por la ofensa cometida, esto impide que recibamos sanidad

Aquellos que han ofendido a sus vecinos de alguna forma, deben pedir perdón. Hemos conocido a muchos que, estando terriblemente enfermos, han sido sanados después de hacer ésto.

13. Algunos no tienen un propósito definido o no buscan a Dios con diligencia cuando desean ser sanados

Dios "es galardonador de los que *diligentemente* le buscan". Hemos sabido de enfermos que se han sometido hasta a una docena o más operaciones, sin tener ninguna promesa positiva de ser sanados. Sin embargo, cuando vienen a Dios para sanidad —la cual Dios positivamente promete— muchos no muestran la misma diligencia que cuando buscan la ayuda del hombre.

14. Por no haber sido debidamente instruidos, muchos no reciben sanidad, porque se empeñan en limitar a Dios a hacer milagros solamente

Estas personas desechan su confianza porque no se sienten fuertes y saludables en un instante.

Dios hace diferencia entre un milagro y una sanidad. Si cada hombre, acabado por la enfermedad, fuera hecho fuerte y saludable en un momento, serían todos milagros y no sanidades. Cuando enumera los dones espirituales, Pablo habla del don de sanidad y también el de milagros. Cristo no pudo hacer milagros en Nazaret por la incredulidad de la gente, pero sí sanó a algunos enfermos allí. Confundir sanidad con milagros es un impedimento muy común en nuestros días, especialmente cuando carecemos de buena enseñanza en este asunto.

15. Algunos se debilitan en la fe mirando a sus síntomas

En vez de debilitarse, deben hacer como Abraham quien se fortaleció en la fe, mirando a la promesa de Dios. Estas personas hacen de sus sentimientos la base para su fe, en vez de ser la Palabra de Dios, la cual Dios ha hecho la única base.

16. Otros no reciben sanidad porque no ponen su fe en acción

"La fe sin obras es muerta"; Dios no se mueve hasta que no actuamos en fe con sus acciones correspondientes. La traducción literal de Marcos 11:22 —"Tened fe en Dios"— es *"contar con la fildelidad de Dios"*.

El ejercicio total de la fe significa que *pensemos* fe, *hablemos* fe, y *actuemos* fe. Jesús le dijo al ciego: "ve y lávate en el estanque de Siloé". Esta orden le dio la oportunidad al hombre de ejercer la fe en el corazón, en la mente, y en el cuerpo. El no fue sanado, hasta que demostró esta prueba visible de su fe, y creyó en su sanidad *antes* de que se manifestara.

Lo mismo sucedió con Naamán el leproso, y con los diez leprosos a quienes Jesús dijo: "id y mostraos a los sacerdotes". La historia dice que "mientras iban, fueron sanados". *La expresión visible* de su fe, incluyendo su corazón, mente y cuerpo, era necesaria *antes* de que la sanidad se manifestara. Algunos no son sanados porque invierten el orden divino.

17. Algunos pierden la confianza cuando son probados. Ellos no pueden entender que, como Abraham, la prueba perfeccionará la fe en vez de destruirla

Somos hechos participantes con la condición de que mantengamos firme la confianza del principio hasta el fin (Hebreos 10:35). Si la Palabra de Dios es la base de nuestra fe, entonces no es correcto que perdamos nuestra confianza en ella.

18. Algunos no reciben sanidad porque desdeñan recibir al Espíritu Santo, quien ha sido enviado para impartirnos las bendiciones de la redención

En Romanos 8:11 Pablo nos dice que nuestros cuerpos mortales (también) serán vivificados por el Espíritu que mora en (no fuera) nosotros. Ya que somos templo del Espíritu Santo y es El quien obra la sanidad, podemos decir que El es el Carpintero que repara la casa. Algunos conscientemente mentienen al carpintero fuera de la casa y al mismo tiempo le piden que repare el interior de la misma. Pablo dice: "el cuerpo es para el Señor", antes de decir: "el Señor es para el cuerpo". Tenemos que presentar nuestros cuerpos en sacrificio vivo (Romanos 12:1) y convertir nuestros cuerpos en templos de su Espíritu si queremos ser sanados. Esta explicación acerca de la razón por la cual fracasan, no se la podemos aplicar a aquellos que no han sido enseñados acerca del privilegio de ser llenos del Espíritu Santo.

19. Algunos no son sanados porque en lugar de creer en la doctrina de la sanidad divina, tienen una fe personal, o en sí mismas, para ser sanados

20. Otros no son sanados por su inhabilidad de recibir la promesa escrita de Dios, como Su Palabra dirigida directamente a ellos

Ellos no pueden reconocer que para efectos de la fe, la Palabra de Dios es la voz de Dios. En el Salmo 138:2 leemos: "Porque has engrandecido Tu Palabra y Tu nombre sobre todas las cosas".

21. Algunos no creen que su oración ha sido escuchada, hasta que no han experimentado y visto la respuesta

Cristo no ha prometido que nuestra sanidad tiene que comenzar antes de que creamos que El ha escuchado nuestra oración. Algunos suponen que tienen que seguir orando, sin creer que su oración ha sido escuchada, hasta que se encuentran bien de salud. Esto es exactamente lo contrario de lo que Dios requiere de nosotros.

En Marcos 11:24 Jesús nos dice claramente las condiciones que El nos pone para que nos apropiemos de las bendiciones que El nos ha prometido: "todo lo que pidiereis *orando*, creed que lo recibiréis y os vendrá"; esto es, "os vendrá *después* de haber creído que El ha escuchado nuestra oración. Así como Cristo dijo: "Padre, gracias te doy por *haberme* oído", cuando Lázaro aún estaba muerto, también nosotros debemos decir: "Padre, gracias te doy por *haberme* oído", aun cuando todavía estemos enfermos. "Os vendrá", es la respusta de Jesús, y es además la prueba que nuestras oraciones han sido escuchadas.

Como ya hemos comentado, para la fe, la Palabra de Dios es la Voz de Dios. Dios no ha prometido que nuestra sanidad va a comenzar antes de que creamos que El ha escuchado nuestra oración. "Si pedimos algo de acuerdo a su voluntad, El nos oye", si esto es cierto, entonces tenemos que creer que nuestras oraciones han sido escuchadas, cuando de veras hemos orado. Debemos ser capaces de confesar: "sabemos que tenemos las peticiones que le hemos hecho" no porque vemos la respuesta, sino porque "Dios es fiel, quien también lo hará".

Abraham no se mantuvo orando por el nacimiento de Isaac hata que el niño nació. En lugar de esto, se mantuvo creyendo y glorificando a Dios por el empeño de Su Palabra en el asunto.

Más de una vez hemos leído que fue *después* que Salomón había cesado de orar, que la bendición llegó.

En la tumba de Lázaro Jesús "puso fin a su oración" diciendo: "Padre, gracias te doy por haberme oído" antes de que Lázaro saliera de su tumba.

Josafat y los hijos de Israel habían "puesto fin a sus oraciones" y estaban todos alabando a Dios "en alta voz" por la respuesta a sus oraciones antes de ir a la batalla con los tres grandes ejércitos. Su fe fue "la evidencia (o seguridad) de las cosas que (todavía) no se veían" (Hebreos 11:1).

Los ciento veinte habían "puesto fin a sus oraciones" y estaban todos "alabando y bendiciendo a Dios continuamente" cuando el Espíritu se derramó sobre ellos.

Se supone que el "fin de la oración" sea el ser ungido para sanidad; y si la persona que ha sido ungida tiene una fe verdadera, no oiremos más que acciones de gracias hasta que sea sanado.

Cuando una niña importa a su mamá por un vestido

nuevo, hasta que su mamá dice: "te lo voy a comprar", la niña deja de importunar antes de ver el vestido. En vez de seguir pidiendo: "por favor, dame un vestido", la niña dice: ¡"Qué bueno, qué bueno"!

Tal vez deba añadir que después que nos hemos comprometido no podemos mostrarnos indiferentes. Nuestra confianza debe mantenerse activa; como cuando los hijos de Israel marcharon alrededor de los muros de Jericó haciendo sonar los cuernos de carnero; y cómo Josafat y sus hombres quienes, después de "poner fin a sus oraciones", salieron a la batalla cantando alabanzas a Dios.

La sanidad de los diez leprosos vino cuando la confianza de ellos todavía estaba activa.

Dios les dijo a los israelitas que empezaban a morir mordidos por las serpientes: "todo aquel que *mirare* a la serpiente ardiente vivirá". La Palabra "mirare" está en un continuo presente. No es una simple ojeada, sino una mirada firme.

"Moisés se mantuvo como *mirando* (continuamente) al invisible".

Fue una fe *firme* la que trajo el cumplimiento de la promesa de Dios a Abraham. El se fortaleció en su fe *mirando* (continuamente) a la promesa de Dios.

Si permitimos que nuestra confianza se inactive, se debilitará; si la mantenemos activa, crecerá cada vez más fuerte.

22. Algunos limitan a Dios basando su fe en su mejoramiento después de la oración, en vez de basarse en Su promesa.

Ellos no pueden entender que no hay otra razón tan buena para tener fe como el confiar en la Palabra de Dios; y que Dios quiere entrenar a cada cristiano para que crea en El aun cuando todo lo que el cristiano vea a su alrededor, fuera de Su promesa, le diga lo contrario.

14

EL AGUIJON DE PABLO

"Y para que la grandeza de las revelaciones no me exaltase desmedidamente, me fue dado un aguijón en mi carne, un mensajero de Satanás que me bofetee, para que no me enaltezca sobremanera; respecto a lo cual tres veces he orado al Señor, que lo quite de mí. Y me ha dicho: Bástate mi gracia; porque mi poder se perfecciona en la debilidad. Por tanto, de buena gana me gloriaré más bien en mis debilidades, para que repose sobre mí el poder de Cristo. Por lo cual, por amor a Cristo me gozo en las debilidades, en afrentas, en necesidades, en persecuciones, en angustias; porque cuando soy débil, entonces soy fuerte".   *(II Corintios 12:7-10)*

    Uno de los argumentos más fuertes hoy en día en contra del ministerio de la sanidad, es el "aguijón en la carne" de Pablo. Es así como una idea tradicional le sigue a la otra. No hay duda que la difundida enseñanza de que Dios es el autor de la enfermedad y que El desea que algunos de sus hijos más dedicados permanezcan enfermos mostrando una actitud de aceptación y paciencia para la gloria de Su nombre, nos ha llevado a la idea de que Pablo tenía una enfermedad que Dios rehusaba sanar. No podemos creer que alguno que se haya tomado el tiempo para leer todo lo que Dios tiene que decir acerca de este asunto, haya podido llegar a semejante conclusión.

    Me apresuro a admitir que hombres igualmente dedicados pueden opinar lo contrario; no solamente acerca de este asunto, sino con relación a todo el tema de la sanidad divina; es simplemente un asunto de estudio e investigación. Muchos hombres honestos, enseñan que la época de los milagros ya pasó (y otras teorías) pero al estudiar las Escrituras no se han detenido a pensar en lo que la Biblia enseña acerca de la sanidad. Ellos creen que no se puede aplicar a nuestros días. Casi todos los que han hablado o escrito en contra de nosotros no han titubeado en usar nuestro nombre, atacándonos sin ninguna compasión. Ni siquiera han intentado buscar la respuesta a los argumentos bíblicos que hemos presentado en nuestros sermones acerca del tema. Nosotros hemos leído cuidadosamente sus declaraciones en público y, sin mencionar sus nombres, les hemos dado respuesta usando la Escritura. Si estuviéramos luchando contra "carne y sangre", les llamaríamos por su nombre y procuraríamos la venganza, pero esto no sería actuar como lo haría Cristo. Nos hemos propuesto no poner nuestras manos sobre los siervos de Dios, sino dejar que El pelee nuestra batalla.

Antes de considerar el tema del "aguijón" de Pablo, quiero citar parte del sermón predicado por un prominente ministro en Nueva York. El sermón fue revisado, impreso en grandes cantidades, y distribuido en cada hogar de la vecindad donde se llevaba a cabo nuestro avivamiento. Su propósito era el de obstaculizar nuestra enseñanza acerca de la sanidad, la cual el evangelista prácticamente desconocía y nunca había visto u oído. Entre otras cosas, él dijo:

"El hecho es: Pablo estaba enfermo. El era el más enfermo entre los hombres. El tenía una de las peores y más dolorosas de las enfermedades orientales. El tenía oftalmía, enfermedad de los ojos. La prueba de que el tenía esta enfermedad es abrumadora. El nos dice que tenía un "aguijón en la carne" . . . Cuando Pablo se paró delante de ellos con sus ojos llenos de horrendo pus, materia repulsiva que corría sobre su cara . . . ¿por qué ellos iban a sacar sus ojos por él, a no ser que sus ojos, cuando se paró delante de ellos, presentaron un cuadro patético —como lo son los ojos de cualquiera que sufre de oftalmía? El dolor que produce esta enfermedad es tal, que es como una "estaquilla" en los ojos. No cabe duda de que Pablo era un hombre enfermo; lo dice él mismo. Pablo no contrajo esta enfermedad como consecuencia de una infección. ¿Cómo la contrajo? Jesucristo se la dio. Pablo no quería estar enfermo y por lo tanto él oró al Señor que lo sanara de la enfermedad. El no oró una ni dos, sino tres veces; no recibiendo respuesta a sus oraciones. A pesar de todo lo que oró, no recibió sanidad. Su oración ofrecida tres veces no le trajo sanidad, ni siquiera un indicio. Eso no es todo, el Señor le dijo a Pablo algo espantoso, El le dijo: "Bástate mi gracia". El le dijo a Pablo que era mejor para Pablo estar enfermo que sano. El le dice a Pablo que es la voluntad divina que él no sea curado . . . El le dice a Pablo que el poder divino puede y operará a través de él mejor con oftalmía y enfermedad que sin ella . . . escuchemos lo que Pablo tiene que decir en respuesta al Señor con relación a su enfermedad y a la voluntad del Señor de que él no sea curado. Estas son sus palabras: "Por tanto, de buena gana me gloriaré más bien en mis debilidades, para que repose sobre mí el poder de Cristo". Aquí Pablo está diciendo: "Me gloriaré en mi oftalmía. Mis ojos pueden estar llenos de residuo repulsivo; puedo ser objeto de piedad; no importa, en ello me gloriaré. Me gozaré en mi enfermedad" . . . en la carne temblorosa y el doloroso sufrimiento de Su apóstol, el Señor ha escrito Su divina protesta en contra de esta terrible doctrina, la *brutal* trasmutación de la cruz de Cristo, a un centro de sanidad física.

En respuesta a los argumentos de nuestro hermano, queremos declarar, primeramente, que la expresión "aguijón en la carne" no se usa ni siquiera una vez en el Antiguo o Nuevo Testamento sino como una ilustración. La figura del aguijón en la carne no se usa ni una sola vez en la Biblia para representar enfermedad. Cada vez que la expresión es usada en cualquier parte de la Biblia, se señala específicamente lo que el "aguijón en la carne" está significando. Por ejemplo, en Números 33:55 Moisés le dijo a los hijos de Israel, antes de entrar a la tierra de Canaán: "Y si no echareis a los moradores del país de delante de vosotros, sucederá que los que dejareis de ellos serán por aguijones en vuestros ojos y por espinas en vuestros costados, y os afligirán sobre la tierra en que vosotros habitareis".

Las Escrituras claramente nos dicen que los "aguijones" en los *ojos* y las "espinas" en los *costados* de los israelitas eran los habitantes de Canaán, y no problemas en los ojos o enfermedades. Estos maestros insisten en que el "aguijón" de Pablo *tenía* que ser una aflicción física porque Pablo dice que el "aguijón" estaba "en la *carne*". Yo replico que, en el caso de estos israelitas, la Escritura dice: "aguijones en los *ojos*" y "espinas en los *costados*", pero no quiere decir que Dios iba a enterrar a los canaanitas en sus ojos y costados, con los talones colgando afuera. Dios estaba simplemente ilustrando que, como una espina enterrada en la carne fastidia; así también los canaanitas afligirían a los hijos de Israel si fueran dejados en Canaán.

Ocho años más tarde, Josué también dice en el capítulo 23, con relación a las naciones paganas en Canaán, "serán como *azote* para vuestros *costados* y *espinas* para vuestros *ojos*". De esta forma vemos nuevamente que los "azotes en sus costados y los aguijones en sus ojos" eran los canaanitas y no ojos o costados enfermos. Aquí, como en todos los demás ejemplos, se declara llanamente lo que era el "aguijón".

De las últimas palabras de David leemos: "los hijos de Belial serán todos como aguijones". Sin excepción alguna, en todos los casos, los "aguijones" son personalidades. Como en todos estos ejemplos se define claramente lo que era el "aguijón", también Pablo llanamente declara lo que era *su* aguijón"; él dice que era "el mensajero (griego: *Angelos)* de Satanás", o, como lo traducen otros, "el ángel del diablo", "el ángel de Satanás", etc. Esta palabra griega, *angelos* aparece 188 veces en la Biblia. Es traducida "ángel" 181 veces, y "mensajero" las otras siete. En todas las 188 veces en toda la Biblia, es una *persona* y no una cosa, sin ninguna excepción. "El infierno fue hecho para el diablo y sus ángeles" (o "mensajeros"). Un "ángel" o "mensajero" es siempre una *persona* enviada a otra, y nunca una enfermedad.

El Aguijón de Pablo: Un Angel de Satanás

Pablo no solamente nos dice que su "aguijón" era un ángel de Satanás, sino también nos dice lo que el ángel le hacía —"lo abofeteaba".— O como lo traduce Rotherham, "que *me* pueda abofetear"; la palabra "abofetear" significa "golpe tras golpe", como cuando las olas abofeteaban el barco, y como cuando ellos "abofetearon" a Cristo. De acuerdo a esto, Weymouth lo traduce: "el ángel de Satanás lidiando *golpe tras golpe*". Ya que abofetear se refiere a recibir golpes *repetidos*, si las bofetadas recibidas por Pablo se referían a una enfermedad, tenían que ser muchas enfermedades o la misma enfermedad que se repetía muchas veces.

Hablando de este mensajero o ángel, Rotherman lo traduce usando el pronombre "él", y la traducción de Weymouth declara: "respecto a esto, tres veces he rogado al Señor para que me libre de *él*". Ambos traductores usan pronombres personales cuando hablan del aguijón de Pablo. Estos pronombres, así como las palabras "ángel" y "mensajero", prueban que el aguijón de Pablo (como él mismo lo muestra) era una personalidad Satánica y no una enfermedad. No podemos usar un pronombre personal cuando hablamos de oftalmía, o cualquier otra enfermedad, porque la oftalmía no tiene sexo. Supongamos que yo le preguntara a un hombre acerca de su cáncer. ¿Qué pensaría usted si le oyera replicar: "*él* está mucho peor, y yo estoy sufriendo terriblemente"? Ahora, ya que Pablo declara llanamente que su "aguijón" era un ángel de Satanás enviado para abofetearlo, un demonio enviado por Satanás para causarle problemas dondequiera que Pablo iba, ¿por qué entonces, *vamos* a decir que era algo diferente?

Los Sufrimientos de Pablo

Inmediatamente después de la conversión de Pablo, Dios le dijo a Ananías: "porque yo le mostraré cuánto le es necesario padecer por mi nombre". No por enfermedades, más bien por las persecuciones que Pablo enumera como sus bofetadas. Pablo había perseguido a los cristianos de sitio en sitio, y ahora él mismo comenzaba a experimentar iguales y mayores persecuciones. Refiriéndose a los bofetadas instigadas por el ángel de Satanás, Pablo declara: "Por lo cual, por amor a Cristo me gozo en las debilidades, en afrentas, en necesidades, en persecuciones, en angustias; porque cuando soy débil, entonces soy fuerte". Pablo menciona primero "debilidades" porque él conoce, como debe conocer todo cristiano, su debilidad e impotencia para mantenerse en pie por sí mismo en contra del mensajero de Satanás, para triunfar sobre "reproches, necesidades, persecuciones, angustias", y todas las otras bofetadas que menciona en otros lugares. He aquí el por qué Pablo "rogó al Señor tres veces, para que *lo* quitara de "él" (el mensajero), quien lo había golpeado tan severamente y en tantas formas diferentes. Al contestar su oración, Cristo no eliminó al mensajero de Satanás, sino que le dijo: "Bástate mi gracia (la cual es para el hombre "interior"), porque mi poder se perfecciona en la debilidad".

Cuando Pablo vio que la gracia de Dios era suficiente para darle fortaleza, para llevar todas estas cosas, exclamó: "Por lo tanto, de buena gana me gloriaré más bien en mis debilidades, para que repose sobre mí el poder de Cristo . . . porque cuando soy débil, entonces soy fuerte". ¿Cómo hubiera podido ser cierto que el poder de Cristo se hubiera perfeccionado en la debilidad de Pablo, a menos que Pablo participara de la fortaleza de Cristo, la cual puede quitar la debilidad ya sea física o espiritual? ¿Podrá haber fortaleza (física o espiritual) en un hombre débil, sin la fortaleza impartida por Dios? Pablo se dio cuenta de que la gracia que Dios le dio hizo que sus bofetadas, aun sus encarcelamientos, obraran para su bien y redundaran en beneficio del Evangelio. ¿Qué siervo de Dios no ha aprendido, tal vez más de una vez, que cuando él está más consciente de su propia debilidad, es cuando el poder de Cristo reposa aun más sobre él? Y, ¿qué, cuando él está consciente de lo débil que es, es cuando está más fuerte porque depende, no de su propia fuerza, sino de la fortaleza divina?

Gracia para las Debilidades Espirituales, Y No Para las Físicas

Pablo es muy explícito cuando enseña que es "la *Vida de Jesús*" la que se "hace manifiesta en nuestro cuerpo mortal". En ninguna parte, las Escrituras declaran que Dios da *gracia* a nuestros *cuerpos*. La misma palabra "gracia" muestra que era el "hombre interior" el que necesitaba ayuda porque la gracia de Dios es impartida al "hombre interior" solamente; el cual, en el caso de Pablo, "se renueva de día en día". En otras palabras, la "gracia" es para debilidades espirituales y no para las físicas.

Aun cuando en el Antiguo Testamento se usan los términos "aguijones en vuestros ojos y espinas en vuestros costados", esto no quiere decir que los canaanitas afligirían a los israelitas con enfermedades físicas o debilidad en sus cuerpos. Como los canaanitas fastidiaron a los israelitas fuera de sus cuerpos, así también lo hacía el ángel de Satanás con Pablo: lo afligía fuera de su cuerpo y lo más seguro es que no había ningún demonio habitando en el cuerpo del Apóstol. La gracia y misericordia de Dios, siempre han sido dadas para que podamos soportar persecuciones y tentaciones; y no para llevar nuestros pecados y enfermedades, los cuales El llevó por nosotros en la cruz. Dios nunca ha prometido quitar los sufrimientos, aflicciones o tentaciones *externas;* El nos da gracia para llevarlas. Más bien, a través de la historia, El siempre ha estado dispuesto a quitar lo *interno*, o físico, las opresiones del diablo, así como nuestros pecados.

"Jesús" iba haciendo el bien, y sanando a *todos* lo que estaban oprimidos por el diablo, porque Dios estaba con El". Dios nos dice: "los que quieran vivir piadosamente en Cristo Jesús, padecerán *persecución*", (2 Timoteo 3:12). El nunca dijo: "permanecerán *enfermos*", de acuerdo a las opiniones antibíblicas que muchos sostienen hoy en día. Este punto de vista niega todo precedente escritural. No cabe duda que Pablo utilizó la expresión "aguijón en la carne" leyendo las Escrituras del Antiguo Testamento, y porque este término ilustraba sus molestias internas y no las del cuerpo, él usó la misma expresión para ilustrar la experiencia por la que estaba pasando.

¿Si las debilidades a que Pablo aquí se refiere hubieran sido físicas, y de acuerdo al escritor que citamos anteriormente, Pablo era "el más enfermo de todos los hombres", y Dios no le iba a quitar su "aguijón" dándole fortaleza, ¿cómo hubiera podido él trabajar "más abundantemente que todos ellos? Si el hombre más enfermo, puede trabajar más que el sano, entonces oremos para que recibamos enfermedades para que también *nosotros* podamos trabajar más para Dios. Después de haberse dado cuenta que la fortaleza de Dios se "perfeccionaba en su debilidad", Pablo obtuvo placer, no sólo en su debilidad, sino también en las bofetadas (afrentas, necesidades, persecuciones, angustias, etc.). Entre otras cosas, notemos que Pablo menciona necesidades, refiriéndose a las finanzas, lo cual también menciona en su primera carta a los Corintios, escrita el año anterior. Pablo dice: "Hasta esta hora padecemos hambre, tenemos sed, estamos desnudos, somos *abofeteados*, y no tenemos morada fija" (I Corintios 4:11). Esto muestra que la idea de Pablo de ser abofeteado no era la de padecer una enfermedad permanente.

¿Si el "aguijón" de Pablo era la oftalmía —lo cual no se menciona— y no eran las afrentas, etc. —lo cual él *sí* menciona— por qué el no dice que toma placer en la enfermedad en vez de la debilidad? No solamente aquí, sino que en otra parte de la carta a los Corintios, Pablo enumera en detalle las bofetadas instigadas por el ángel de Satanás. Además de las afrentas, necesidades, persecuciones y angustias mencionadas en este versículo, en el capítulo sexto de II Corintios Pablo menciona azotes, cárceles, tumultos, trabajos, desvelos, ayunos, deshonra, mala fama, engañadores, "como moribundos, mas he aquí vivimos"; "como castigados, más no muertos"; "como entristecidos, mas siempre gozosos"; "como pobres, mas enriqueciendo a muchos"; "como no teniendo nada, mas poseyéndolo todo". En el capítulo once añade "azotes sin número; en cárceles más; en peligros de muerte muchas veces. De los judíos cinco veces he recibido cuarenta azotes, menos uno; tres veces he sido azotado con varas; una vez apedreado; tres veces he sufrido naufragio... un día y una noche he estado como náufrago en alta mar; en caminos muchas veces; en peligros de ríos, peligros de ladrones, peligros de los de mi nación, peligros de los gentiles, peligros en la ciudad, peligros en el desierto, peligros en el mar, peligros entre falsos hermanos; en trabajos y en fatiga, en muchos desvelos, en hambre y sed, en muchos ayunos, en frío y en desnudez". "...Despreciado...perseguido ...difamado...hecho como la escoria del mundo...el desecho de todos hasta hoy".

Preguntas que Merecen ser Tenidas en Cuenta

¿Quién sino el ángel de Satanás puede ser el responsable de todos estos sufrimientos? Al enumerarlos, vemos que Pablo menciona casi todo lo que podemos pensar, excluyendo enfermedad, u oftalmía. Lo que no se menciona y que brilla por su ausencia es de lo que se agarra la tradición para decir que es su "aguijón". ¿Por qué los que se oponen sustituyen "ojos enfermos" o "enfermedad", ninguna de las cuales Pablo menciona, por todas las bofetadas que él *sí* menciona?

A pesar de que es aceptada por muchos hombres honestos, un escritor comenta que, esta conocida perversión de las Escrituras que trata acerca del aguijón en la carne de Pablo; es seguramente inspirada por Satanás porque le da el privilegio de continuar su obra maligna de afligir y atormentar los cuerpos de la humanidad.

¿Si la sanidad es un elemento esencial del Evangelio, cómo pudo Pablo disfrutar de la "plenitud de la bendición del Evangelio" y permanecer enfermo? ¿No es la sanidad parte de la bendición del Evangelio? Aun los eruditos más conservadores, como los que constituyen la Comisión Episcopal de Sanidad, están de acuerdo en que "la sanidad del cuerpo es un elemento esencial del Evangelio".

Vamos a suponer que nuestro hermano está en lo cierto al declarar que Pablo era un hombre muy enfermo, y que sufría de oftalmía. ¿No es extraño que cuando los Efesios vieron que pus salía de los ojos de Pablo y supieron que Dios no le iba a sanar, esta escena les diera la fe necesaria para que presenciaran los milagros extraordinarios que fueron hechos en su beneficio? Hechos 19:11 y 12 dice que "Dios hacía milagros extraordinarios por mano de Pablo, de tal manera que aun se llevaban a los enfermos los paños o delantales de su cuerpo, y las enfermedades se iban de ellos, y los espíritus malos salían.

Las Escrituras nunca hablan de milagros extraordinarios hechos por alguno, excepto por este Apóstol "tan enfermo". Hoy en día, si los pañuelos de los que sufren de oftalmía fueran traídos, en vez de ponerlos sobre los enfermos para que recibieran sanidad, los quemaríamos para evitar que la infección se extendiera.

El Cojo de Listra

Otra vez, cuando el cojo pagano en Listra oyó a Pablo predicar "el Evangelio" y vio los ojos de Pablo "emanando materia repulsiva", el espectáculo hizo que tuviera fe al instante para poder caminar por primera vez en la tierra. Y Pablo, "viendo que tenía fe para ser sanado, dijo a gran voz: Levántate derecho sobre tus pies. Y él saltó y anduvo". Este cojo pagano nunca había presenciado un milagro, ni nunca había oído el Evangelio hasta que lo oyó del "hombre más enfermo" el cual era la voluntad de Dios "que no fuera sanado".

¿No es maravilloso, cómo Pablo, con ese "pus horrendo" —materia repulsiva— rodándole por su cara; "el más enfermo de todos los hombres, sufriendo de la peor y más dolorosa de las enfermedades orientales . . . "un cuadro patético; y aún así "Jesucristo se lo permitió", diciéndole "que era la voluntad divina que él no fuera sanado",

repito, no es maravilloso, cómo Pablo en esta condición
pudo hacer "obedientes a los *gentiles* con la palabra y con
las obras, con *potencia de señales y prodigios*, por el
Espíritu de Dios . . . desde Jerusalén, y por los alrededores
hasta Ilírico? (Romanos 15:18, 19).

Nuevamente, en la Isla de Malta, después de ver el
cuadro desagradable de la enfermedad de Pablo, la cual
tenía que permanecer en él porque "el poder divino podía
y quería operar en él y a través de él con oftalmía y enfermedad,
en vez de sin ella, "el padre de Públio y luego
todos los otros enfermos en la islá vinieron y fueron curados"
(Hechos 28:8, 9 -Weymouth).

¿Se Glorían los Enfermos en la Enfermedad?

El hermano que citamos anteriormente dice: "Esto
es lo que Pablo está diciendo, ¡'me gloriaré en mi oftalmía;
mis ojos pueden llegar a estar llenos de materia repulsiva;
puede que yo sea objeto de compasión; no importa, en
ésto me gloriaré; me regocijaré en mi enfermedad'!". Si
estos señores enseñan que es correcto que Pablo se gloríe
siendo "el más enfermo de todos los hombres", ¿por qué
no se glorían ellos también en *sus* enfermedades, en vez
de hacer todo lo posible por deshacerse de ellas? Si ellos
se glorían en su "aguijón", ¿por qué algunos de ellos van al
cirujano para ser operados?

Algunos maestros sostienen que el "aguijón" de Pablo
era una ceguera parcial, causada por el esplendor de la luz
divina que brilló sobre él en su conversión. Pablo mismo
nos dice en el año 60, cuando escribió esta carta, que fue
"más de 14 años atrás" que él recibió la abundancia de
revelaciones que ocasionaron "el aguijón en la carne". Lo
cual quiere decir que fue 12 años después de su conversión
que le fue dado el "aguijón", siendo esta epístola escrita
26 años después de su conversión. Y, nuevamente, sería
casi una blasfemia referirse a la ceguera parcial causada por
una mirada personal al Cristo glorificado, como "el mensajero
de Satanás".

Pablo explícitamente declara que las bofetadas recibidas
de parte del mensajero de Satanás, eran para que no
se "exaltara sobremanera por la *abundancia de las revelaciones*".
¿Será por la abundancia de sus revelaciones, que
los enfermos de todas partes, tienen que ser enseñados a

considerar su enfermedad como un "aguijón", que tiene que permanecer, para que *ellos* no se exalten?

Si el aguijón de Pablo no fue un obstáculo para que *él* tuviera fe para que fueran sanados *"todos los demás enfermos en la Isla de Malta"*, y en otros lugares, ¿por qué ha de ser un obstáculo para la fe de *nosotros*? O, ¿por qué *se tiene* que enseñar en todas partes, hoy en día sirviendo como de obstáculo, para la poca fe que el enfermo pudiera haber tenido para poder recibir la sanidad? La Biblia dice que "la fe *viene* por el oír", pero en estos días la fe está desapareciendo por el oír, al oír estas doctrinas engañosas. Esta aberración tan conocida, con relación al "aguijón en la carne" de Pablo, perjudica al Evangelio, y le quita completamente el fundamento sobre el cual la fe para recibir sanidad tiene que descansar, a menos que el enfermo reciba, del Espíritu y *no de la Biblia*, una revelación especial de que va a ser sanado.

Hemos notado, en los escritos de estos maestros, que ellos están listos a mencionar el más insignificante defecto físico en aquellos que enseñan sanidad y cuando ven a los enfermos sanarse. Sin embargo, ellos argumentan que fue lo apropiado para Pablo, uno de los maestros de sanidad más sobresalientes en el Nuevo Testamento, el tener, como ellos contienden, el "aguijón" de la aflicción del cuerpo. ¿Si pudiéramos duplicar en nosotros el hermoso ministerio de sanidad de Pablo mientras "horrendo pus" estuviera saliendo constantemente de *nuestros* ojos; no seríamos más bien ridiculizados por estos mismos maestros?

Las Escrituras muestran que el aguijón de Pablo no le impidió laborar más abundantemente que todos los otros. Sin embargo, aquellos a quienes se les enseña que su enfermedad es un "aguijón" que tiene que permanecer, frecuentemente se ven incapacitados por *su* "aguijón" para hacer *cualquier* trabajo, hasta el punto de no poder cuidarse a sí mismo y más bien volviéndose una carga para los otros que tienen que ayudarles. Fue el Apóstol Pablo el que escribió que debemos ser "aptos en toda obra buena", "enteramente preparados para toda buena obra", "celosos de buenas obras", "cuidadosos de mantener toda buena obra", y "aptos en toda obra buena para hacer Su voluntad". ¿Cómo puede una multitud de cristianos, confinados a sus habitaciones de enfermedad, por un "aguijón en la carne", abundar en toda buena obra? ¿Acaso todas estas Escrituras, pertenecen solamente a cristianos que gozan de buena salud?

Si las palabras de Cristo: "Bástate mi gracia" significan que El le está diciendo a Pablo que permanezca enfermo, sería la primera y única ocasión en la Biblia en que Dios le haya dicho a alguno que permanezca enfermo. Entonces, el hecho de que ésta fue la única excepción, prueba la regla y lo que las Escrituras muestran en abundancia, o sea, que El sanó a todos los demás. ¿Por qué tantos de estos maestros hoy en día invierten las Escrituras y hacen del aguijón de Pablo, el punto más prominente cuando discuten acerca de la sanidad? ¿Por qué mantienen en la obscuridad la regla universal de sanidad, revelada a la luz de la historia que registra la Biblia? El aguijón de Pablo no le impidió terminar su carrera para Dios (II Timoteo 4:7), mientras que la enseñanza moderna acerca del aguijón de Pablo, ha enviado a multitudes —casi siempre después de muchos años de terrible sufrimiento— a tumbas prematuras, sin haber acabado su carrera, ¡una tragedia horrible, que se repite constantemente!

Si los afligidos de hoy que creen la enseñanza de estos últimos días, siguieran el ejemplo de Pablo, orando hasta que Dios les hablara, como ellos piensan que hizo Pablo, y les dijera que El quiere que continúen enfermos, y les explicara el por qué, en seguida diríamos: ¡"Amén"! porque amamos la voluntad de Dios.

En Gálatas 4:13 Pablo dice: "Pues vosotros sabéis que a causa de una enfermedad del cuerpo os anuncié el evangelio *al principio*". Probablemente la enfermedad aquí era física, pero "al principio" no quiere decir que él permaneció siempre débil. ¿No querría decir lo contrario? Si así hubiera sido, ¿por qué iba a decir "al principio"? Tal vez, como creen muchos intelectuales-académicos, ésto sucedió después de haber sido apedreado en Listra.

Después que Pablo, en las palabras más sencillas, declaró lo que era su "aguijón", es extraño que todavía existan ministros hoy en día que digan que es otra cosa; usando esto, además, en contra de la doctrina bíblica de sanidad. Pablo mismo enseñó esta doctrina más que todos los otros apóstoles y escritores del Nuevo Testamento.

Por ejemplo, fue el evangelio que Pablo predicó en

Efeso el que obró fe para que se sucedieran los "milagros especiales" de sanidad que hemos mencionado. Con relación a su predicación en Efeso, Pablo dice: "No os he rehusado nada que os sea de provecho". Si todos los predicadores de hoy no retuvieran nada de lo que es provechoso, seguramente estarían enseñando sanidad.

Fue Pablo el que dijo en Romanos 15:18-20 "que él predicó el Evangelio de Cristo completo para hacer obedientes a los gentiles, con la palabra y con las obras, con potencia de señales y prodigios, en el poder del Espíritu de Dios . . . desde Jerusalén y por los alrededores hasta Ilírico".

Veinticinco años después de convertirse en apóstol, Pablo le escribe a los Corintios: "Por lo cual hay muchos enfermos y debilitados entre vosotros" (I Corintios 11:30). Si el aguijón de Pablo hubiera sido un impedimento físico, o que hubiera estado enfermo, probablemente ellos le hubieran contestado preguntándole porqué *él mismo* estaba débil y enfermo.

Fue Pablo el que escribió: ¿"No sabéis que vuestros cuerpos son templo del Espíritu Santo"? "Los miembros de Cristo"; "miembros de Su cuerpo, de Su carne, y de Sus huesos"; que "tenemos las primicias del Espíritu" (los primeros frutos de la salvación física y espiritual), "para que también la vida de Cristo se manifieste en nuestra carne mortal" (II Corintios 4:11). Que el "Espíritu vivificará también vuestros cuerpos *mortales* (no muertos) (Romanos 8:11); y que "El es el Salvador del cuerpo", "El Señor es para el cuerpo, y el cuerpo para el Señor" (I Corintios 6:13).

Llamados a Ser Santos

Pablo es el apóstol que escribió "a la iglesia de Dios que está en Corinto . . . llamados a ser santos con todos los que en *cualquier lugar* invocan el nombre de nuestro Señor Jesucristo . . . y a unos puso Dios en la Iglesia . . . milagros . . . dones de sanidad", etc.; que estos "dones y el llamamiento de Dios son irrevocables; y a todos se les ha ordenado procurar los dones mejores".

Pablo no creía, como los hombres enseñan hoy en día, que estas bendiciones estaban reservadas para el pueblo de Israel. El creía en que "la pared intermedia" había sido "derribada", y que en Cristo "no hay judío ni griego", sino que "todos somos uno en Cristo Jesús". Por lo tanto, El sanó al *gentil* que era cojo de nacimiento en Listra, como lo hicieron Pedro y Juan con el *judío* ciego de nacimiento en la Puerta del templo la Hermosa. Pablo también creía que los tipos del Antiguo Testamento "fueron escritos para prevenirnos", (Gálatas 3:8). Que "todos los que son de la fe son la simiente de Abraham"; y que a "Abraham y a su simiente fueron hechas las promesas". "Y si vosotros sois de Cristo, ciertamente linaje de Abraham sois, y herederos según la promesa" (Gálatas 3:29).

Pablo en la Isla de Malta

Fue Pablo el que enseñó que era "en El que todas las promesas de Dios eran sí y en El amén, por medio de *nosotros*, para la gloria de Dios" (II Corintios 1:20). En otras palabras, que todas las promesas de Dios, incluyendo todas sus promesas de sanidad, deben su existencia y poder a la obra substitutiva de Cristo por nosotros. Que la obra redentora de Cristo fue para *todos*. Por esta razón es que el último capítulo de los Hechos nos muestra que Pablo creía y probó que es la voluntad de Dios sanar, no algunos solamente, sino "a todos los demás enfermos en la Isla" de Malta (Hechos 28:9).

Pablo estableció la diferencia entre los milagros y las sanidades, y por eso no creía que *toda* persona iba a ser sanada instantáneamente. El dejó a Trófimo enfermo en Mileto (II Timoteo 4:20), y Epafrodito estuvo "próximo a la muerte" para beneficio del Evangelio (o por exceso de trabajo), de lo cual no se recuperó inmediatamente. Pablo no era un fanático en relación a las leyes naturales de salud, a las cuales consideraba tan divinas como los milagros de Dios. El no titubeó en recomendarle a Timoteo el fruto de la vid "en lugar de agua, para el malestar de su estómago".

Pablo creía que los mismos enfermos debían tener fe para ser sanados, por eso no le dijo al cojo "párate firme en tus pies" hasta que percibió que "él tenía fe para ser sanado". Jesús mismo no pudo hacer milagros en Nazaret por la incredulidad colectiva.

Un Resumen Instructivo

¿No es extraño que cualquier ministerio no tenga en cuenta toda la Biblia, cuando se trata el tema de la sanidad, sin considerar:

El Nombre Redentivo y del Pacto de Dios, "Jehovárafa",

El Pacto de Dios de sanidad,

La enseñanza y las promesas de sanidad en los tipos del Antiguo Testamento,

El precedente universal de sanidad establecido a través de la historia del Antiguo Testamento,

Las palabras, enseñanzas, ordenanzas, promesas y el ministerio de sanidad de Cristo, a través de los cuales se revela la voluntad de Dios para nuestros cuerpos,

Los dones de sanidad dados a la Iglesia,

la ordenanza de unción en la Iglesia,

El hecho de que Cristo llevó nuestras enfermedades, así también como nuestros pecados en el Calvario,

Los miles de miles que han sido sanados desde los días de los Apóstoles hasta nuestros días, inclusive?

¿No es extraño que ellos no tengan en cuenta todo ésto y que escojan como texto, la Escritura que habla del "aguijón" de Pablo, la cual los eruditos admiten que no pueden probar que tenga alguna relación con la enfermedad o con la sanidad?

15

TREINTA Y UNA PREGUNTAS

Propuestas por el Evangelista F.F. Bosworth en el "Alliance Tabernacle" (Tabernáculo de la Alianza) en Toronto, Canadá, 1 de abril de 1923, como parte de su sermón "Contestando la Pregunta de un Opositor: ¿Hay un Evangelio de Sanidad"?

1. ¿Toda vez que los siete nombres compuestos de Jehová, uno de los cuales es Jehová-rafa (Yo soy tu Dios que te sana), revelan su relación redentora hacia cada persona, no están ellos señalando hacia el Calvario?

2. ¿Ya que todas las promesas de Dios son en El sí, y en El amén, acaso estos siete nombres, incluyendo Jehová-rafa (el Señor nuestro Sanador), no deben su existencia y su poder a la obra redentora de Cristo en la cruz?

3. ¿No tiene cada creyente el mismo derecho, por la redención, de llamar a Cristo Jehová-rafa (el Sanador de su cuerpo) como también lo tiene de llamarlo Jehová-sidkenú (el Sanador de su alma)? ¿No ha sido dado su nombre, tanto para sanidad como para salvación?

4. ¿Si la sanidad del cuerpo se puede obtener separadamente del Calvario, como lo enseñan nuestros opositores, cómo se explica que ninguna bendición del Año de Jubileo se podía anunciar con el sonido de la trompeta, hasta el Día de la Expiación?

5. ¿Si la sanidad del cuerpo no formó parte de la obra redentora de Cristo, cómo se explica que los diversos tipos de la expiación relacionados con la sanidad, fueran dados a través de todo el Antiguo Testamento?

6. ¿Si la sanidad no estaba incluida en la expiación, por qué era necesario que los israelitas moribundos miraran

al tipo de la expiación, para recibir sanidad física? ¿Si el perdón y la sanidad vinieron por mirar al tipo, por qué no del anti-tipo?

7. ¿Si la maldición que había sobre ellos fue quitada al levantar el tipo de Cristo, no fue también nuestra maldición de la enfermedad quitada al haberse levantado Cristo mismo? (Gálatas 3:13).

8. En el pasaje: "Ciertamente llevó El nuestras enfermedades, y cargó nuestras dolencias" (Isaías 53:4); ¿por qué los mismos verbos hebreos "llevar" y "cargar" se usan en los versos 11 y 12 para referirse a la obra substitutiva por el pecado, a menos que no tengan el mismo carácter substitutivo y expiatorio?

9. ¿Si la sanidad no fue provista para todos por medio de la redención, cómo hicieron las multitudes para obtener por medio de Cristo lo que Dios no había provisto?

10. ¿Si en la redención el cuerpo no estaba incluido, cómo puede haber una resurrección, o cómo va a vestirse lo corruptible de incorrupción, o lo mortal de inmortalidad? ¿No fueron las arras físicas tanto como las espirituales de nuestra próxima redención las que disfrutó el pueblo de Dios, a través de toda la historia?

11. ¿Por qué razón no podría quitar el "último Adán" todo lo que el primer Adán trajo sobre nosotros?

12. ¿Si la iglesia es el cuerpo de Cristo, querrá Dios que su cuerpo esté enfermo? ¿Acaso no es Su voluntad sanar cualquier parte del cuerpo de Cristo? ¿Si no es así, por qué ordena El que "si alguno está enfermo" sea ungido para que reciba sanidad?

13. ¿Serán las imperfecciones humanas de cualquier clase, ya sean físicas o morales, la voluntad de Dios o son producto de los errores del hombre?

14. ¿Si "el cuerpo es para el Señor, un sacrificio vivo para Dios", no preferiría El un cuerpo sano en vez de un cuerpo quebrantado? ¿Si no es así, cómo podría El, hacernos aptos en toda obra buena para hacer su voluntad"(Hebreos 13:21), o "enteramente preparados para toda buena obra"? (II Timoteo 3:17).

15. ¿Si la sanidad del cuerpo en el Nuevo Testamento ha sido llamada un acto de misericordia, y fueron la compasión y la misericordia las que movieron a Jesús a sanar a

todos los que vinieron a El, no es la promesa de Dios en cuanto a que "El es rico en misericordia para todos los que le invocan", una verdad que tiene vigencia para el día de hoy?

16. ¿Acaso no les ofrece la gloriosa dispensación del Evangelio, tanta misericordia y compasión a los que sufren, como las que le ofrecieron las dispensaciones más obscuras?

17. ¿Si es como algunos enseñan, que Dios tiene otro método para darnos sanidad hoy en día, por qué iba a adoptar Dios un método menos efectivo para nuestra dispensación la cual es mucho mejor?

18. ¿Si Cristo vino a hacer la voluntad del Padre, acaso no fue la sanidad universal de todos los enfermos que vinieran a El, una revelación de la voluntad de Dios para nuestros cuerpos?

19. ¿No enfatizó Cristo que El continuaría haciendo las mismas obras, en respuesta a nuestras oraciones, mientras estuviera con el Padre (Juan 14:12-13); y no es esta promesa una respuesta completa por sí sola, a todos los que se oponen?

20. ¿Por qué el Espíritu Santo, quien sanó a todos los enfermos antes de iniciarse su dispensación, iba a hacer menos después de entrar en su oficio en el Día de Pentecostés? ¿O iba, el Hacedor de Milagros, a comenzar en su oficio, acabando con los milagros?

21. ¿No es el libro de los Hechos del Espíritu Santo, una revelación de la forma como El quiere continuar obrando a través de la Iglesia?

22. ¿Cómo puede Dios justificarnos y al mismo tiempo pedirnos que permanezcamos bajo la maldición de la ley, de la cual Cristo mismo nos redimió, llevándola por nosotros en la cruz? (Gálatas 3:13).

23. ¿Si el "Hijo de Dios apareció para deshacer las obras del diablo", habrá abandonado El este propósito el cual retuvo aun durante su sudor sangriento en el Getsemaní y las torturas del Calvario? ¿O, querrá El ahora que las obras del diablo, que El quería destruir, continúen en nuestros cuerpos? ¿Quiere Dios el cáncer: "una plaga", "una maldición" o "las obras del diablo" en los miembros de Cristo? ¿"No sabéis que vuestros cuerpos son miembros de Cristo"? (1 Corintios 6:15).

24. ¿Las pruebas de sanidad divina entre los ciento ochenta y cuatro personas que testificaron en este Tabernáculo los últimos dos viernes en la noche, han sido menos claras y convincentes que las pruebas de redención espiritual, entre los que profesan ser cristianos hoy en día? ¿No están los 184 que fueron sanados, en una mejor salud física que el mismo número de personas, que confiesan ser cristianos lo están espiritualmente? ¿No se podría comprar de una manera favorable, la salud física de éstos 184, con la salud espiritual de casi el mismo número de ministros de nuestra época?

25. ¿Verdad que sería abrumador, si el argumento comúnmente usado en contra de la sanidad divina, como consecuencia de sus errores; se empleara en contra de la justificación, la regeneración y demás asuntos?

26. ¿Qué prueba el hecho que Cristo no pudo hacer milagros en Nazaret sino que ésto sucedió así por la incredulidad de la gente; o sería más correcto concluir, que debido a que los discípulos no pudieron echar fuera al espíritu epiléptico, que no era la voluntad de Dios liberarlo? Con esta sanidad Cristo probó que es la voluntad de Dios sanar aun a aquellos que no pueden recibirlo.

27. ¿No está Dios tan dispuesto a mostrar su misericordia, dándole sanidad a sus adoradores como lo está en mostrar su misericordia por medio del perdón a sus enemigos? (Romanos 8:32).

28. ¿Si Pablo, como dice un ministro de Nueva York, era el más enfermo de todos los hombres, sufriendo de oftalmía en los ojos", o si, como otros enseñan, su "aguijón en la carne" era una debilidad *física* en vez de lo que Pablo mismo dice que era: "el ángel de Satanás", infligiéndole las muchas bofetadas que Pablo enumera, cómo podía él laborar más abundantemente que todos los demás apóstoles? ¿Si él tenía fuerzas para trabajar más que todos los demás, cómo podían ser *físicas* todas sus "debilidades"? ¿Si el aguijón de Pablo no obstaculizó su fe para que recibieran la sanidad universal "todos los demás enfermos en la Isla" de Malta, por qué iría a ser un obstáculo para *nosotros*? ¿Por qué los maestros tradicionalistas no sustituyen "oftalmía de los ojos" o enfermedad (ninguna de las cuales Pablo menciona) por "reproches, necesidades, persecuciones, angustias", y todas las demás bofetadas de las

manos de los "ángeles de Satanás", lo cual sí se menciona? ¿Si lo último mencionado constituye su "aguijón", por qué él no dice que toma placer en lo último, en vez de hacerlo en lo primero? ¿Cómo pudo Pablo, enfermo en su cuerpo, o con la terrible enfermedad de oftalmía en los ojos", e incapaz de ser sanado: "para la obediencia de los gentiles, con la palabra y con las obras, *con potencia de señales y prodigios*"? (Romanos 15:18-19).

29. ¿Si le enfermedad es la voluntad de Dios, entonces todo médico es un quebrantador de la ley, toda enfermera desafía al Todopoderoso, todo hospital es una casa de rebelión, en vez de ser un lugar de misericordia; y en vez de apoyar los hospitales deberíamos hacer todo lo posible por cerrarlos?

30. ¿Si en los Evangelios, Jesús nunca comisionó a nadie para predicar el Evangelio sin ordenarle que sanara los enfermos; cómo podemos obedecer su mandato si no hay Evangelio (Buenas Nuevas) de sanidad para proclamar a los enfermos como una base para su fe? O, ¿si la fe es esperar que Dios cumpla su promesa, cómo puede haber fe para recibir sanidad, si Dios no la ha prometido? ¿Y si la Biblia está llena de promesas de sanidad, son todas ellas el Evangelio (Buenas Nuevas) para los enfermos? ¿Si la "fe viene por el oír . . . la Palabra", cómo pueden los enfermos tener fe para recibir sanidad si no hay nada que ellos puedan oír?

31. ¿"Puede el amoroso corazón del Hijo de Dios, quien tuvo compasión de los enfermos, y quien sanó a todos los que tenían necesidad, dejar de compadecerse de los sufrimientos de los suyos al haber sido exaltado a la diestra del Padre"? - *Kenneth MacKenzie.*

16

TESTIMONIOS

La sanidad milagrosa de una persona lleva a que muchas reciban la salvación de sus almas y con la salvación de sus almas, reciben también bendiciones físicas.

Los cinco testimonios presentados bajo este título, hacen que le prestemos atención a las bendiciones físicas y espirituales que constantemente le siguieron como consecuencia a la sanidad de un solo individuo. El resultado de la sanidad de Eneas fue que Lida y Sarón se convirtieron al Señor. Su sanidad fue tan importante, como la salvación de dos ciudades. A través de la sanidad del cojo de la Puerta de la Hermosa, se salvaron 5.000 hombres. Pablo nos dice que el propósito de Dios es: hacer a los gentiles obedientes con la Palabra y con las obras, con potencia de señales y prodigios" (Romanos 15:18, 19).

Las personas que recibían sanidad constantemente recibían con tales bendiciones físicas, la llenura del Espíritu y una compasión por los demás, que los hizo salir a buscar la salvación de otros y a decirles que ellos también podían recibir de un Dios amoroso, la sanidad que ellos necesitaban.

Constantemente recibimos testimonios estremecedores ratificando esta "cadena de bendiciones".

Salvada y sanada de su aflicción, la Sra. J.B. Long de 38 Clifton Park, North Side, Pittsburg, Pensilvania, quería cumplir la promesa que había hecho de llevar el mensaje de sanidad divina a algunos amigos enfermos. Impulsada por el Espíritu Santo, ella pasó al altar por su propia aflicción. Ungida por el Rev. E.E. Whiteside y el Evangelista Fred Francis Bosworth, se levantó y fue sanada para poder ser una bendición espiritual para otros. Su fidelidad para cumplir su promesa, se demuestra en su decisión de llevar el evangelio con su mensaje de sanidad física a los enfermos del alma y del cuerpo. Almas que se salvan y cuerpos que se sanan traen bendiciones de seguridad y de felicidad a los extraviados y olvidados.

Rodillas Fracturadas — Dolor al Caminar — Ahora sube Escaleras

Hace más de un año que fui sanada de sordera total en mi oído derecho y también de mis rodillas fracturadas. La sordera se debió a un ataque de nervios que sufrí hace más de diez años, el cual me dejó sorda por más de cinco años. Cuando iba para la Iglesia una noche, en compañía de la Srta. Elizabeth Taylor, me caí y se me fracturaron las rodillas. Esto me causó gran sufrimiento por muchos años y a medida que pasaba el tiempo me ponía peor.

Casi no podía subir ni bajar las escaleras, pero ahora, gloria a Dios, puedo correr. Yo vivo en lo alto de la colina y para tomar el transporte público, es necesario que baje una escalinata de 185 escalones. Antes sufría gran agonía tratando de sostenerme de la baranda intentando bajar; pero alabado sea su Nombre, ahora puedo bajar corriendo y nunca bajo estos escalones sin levantar mi corazón hacia Dios en verdadero agradecimiento, por lo que El ha hecho.

Fue durante la primera campaña de Bosworth en Pittsburg que fui sanada. Me sentaba en las reuniones a contemplar el hermoso espectáculo de la gente que se salvaba y se sanaba. Yo fui salva 38 años atrás, cuando era una niña. El pensamiento me llegó esa noche de lo dulce que sería poder llevar el mensaje de sanidad divina a algunos de mis amigos enfermos. Entonces me vino el pensamiento de cómo podía yo llevar el evangelio de sanidad a alguien a menos que yo misma tuviera un testimonio de sanidad. Esto hizo que me decidiera.

Sin más vacilación fui al altar, enferma como estaba, y fui ungida. El Hermano F.F. Bosworth y el Rev. E.D. Whiteside oraron conmigo y recibí sanidad instantáneamente. La sanidad fue completa y durante el año que siguió a dicha sanidad nunca tuve más problemas. Fui salvada para servir y estaba ansiosa de ser sanada para poder servirle mejor. Mientras caminaba por la Calle Ohio para tomar el carro aquella noche, de un momento a otro me pareció estar en un mundo nuevo.

Yo creo que en aquel momento Dios me dio un bautismo fresco de su Espíritu Santo. Este ha sido el año más hermoso de mi vida, porque Dios de una manera tan dulce me ha usado para su servicio. Verdaderamente, hay gozo en el servicio al Rey. He tenido más bendiciones espirituales después de mi sanidad y Cristo ha estado más cerca y lo he amado más, que nunca antes.

He visto que el gran secreto de este gozo viene de testificar del poder de Dios. La noche que fui sanada, le testifiqué a un miembro de mi iglesia en el carro. Yo sabía que ésto se iba a regar. La semana siguiente mi pastor me llamó aparte, me dijo lo que había escuchado y me preguntó si era verdad. Le dije que era cierto. Al principio no me creyó, pero cuando le mostré la Escritura (Mateo 8:16-17), el Señor lo convenció totalmente.

La semana siguiente comenzaron nuestros servicios. Fue el mejor avivamiento de todos. Una noche cada semana nuestro pastor habló acerca de la sanidad divina. La invitación fue hecha a aquellos que buscaban sanidad o salvación. El pastor ungió, mientras que el Hermano I.E. Hoover y yo impusimos las manos a los enfermos. Muchos fueron sanados cuando oramos por ellos.

Yo sentí que era simplemente un vaso vacío puesto a los pies del Maestro, preparado para ser lleno y usado para su servicio. El día siguiente después de mi sanidad, le pedí al Señor que me enviara a alguien que necesitara sanidad para darle mi testimonio. El rostro de una amiga mía me fue revelado: la Sra. Sadie Robinson de la Calle Once de Brightridge. Fui a visitarla y la encontré en cama, habiendo estado enferma por muchas semanas.

Al día siguiente el Hermano I.E. Hoover ofreció su carro, y la llevamos al Tabernáculo C. y M. A. en la Calle Arch donde fue ungida por el Hermano Bosworth y fue sanada. Como resultado, cuatro de sus familiares fueron salvos. El Señor ha sido maravilloso usándola para su gloria y honra. Una de sus vecinas, la Sra. Bigley, la cual ha sufrido por 30 años y de quien es el próximo testimonio, oyó el testimonio de la Sra. Robinson y nos mandó buscar. Invertimos una tarde con ella estudiando la Palabra. Ella estaba muy ansiosa.

Unos días más tarde fui nuevamente con el Sr. Fred Collins, quien había sido sanado en la campaña Bosworth, el Sr. I.E. Hoover, y el Rev. Kreamer, Ministro Bautista.

Oramos por la Sra. Bigley, la ungimos y fue sanada.

Esto sucedió el sábado. El martes siguiente estaba de pie, perfectamente bien, con los zapatos puestos y sin una seña de su antiguo problema. Ella estaba deslumbrante de alegría y ninguno de los problemas que había tenido por 30 años volvieron a molestarla. Su hijo también recibió a Cristo como su Salvador y fue sano en el Tabernáculo Sheraden.

He aprendido que el factor más importante en la vida cristiana es la perfecta obediencia a la voluntad de Dios. Es muy dulce vivir en Su círculo interno. Aunque nos separemos de algunas personas que nos rodean, sin embargo, es dulce saber que tenemos su aprobación, Sra. J.B. Long, 38 Clifton Park, North Side, Pittsburgh, Pensilvania. 29 de diciembre de 1921.

La Sra. Taylor Confirma el Testimonio de la Sra. Long

Conozco muy bien a la Sra. Long. Pertenecemos a la misma iglesia y yo estaba con ella la noche que se cayó y se fracturó sus rodillas. Estuvo en cama por algún tiempo. Sus rodillas fueron sanadas y ella no tiene más problemas con sus rodillas. Elizabeth Taylor, 22 Calle Overlook, North Side, Pittsburgh, Pensilvania. 29 de diciembre de 1921.

Cargada por Tres — Salió Caminando por Sí Sola Estaba Casi Muerta — Ahora Estoy Sana

(La Sanidad de un Ataque de Nervios dio como resultado en la Salvación de su Esposo y de tres Hijas).

Al comienzo del otoño del año pasado, 1920, fui llevada muy enferma con un ataque de nervios del cuerpo y de la mente, así como de problemas internos. Me mantuvieron por dos semanas en mi hogar bajo el cuidado de uno de nuestros mejores médicos. Un día parecía estar mejor, pero al otro día empeoraba. Esto continuó hasta que unos buenos amigos me llevaron a su casa de campo. Allí estaba libre del alboroto de la ciudad y recibiendo el mejor tratamiento y todo el amor y la bondad que ninguna persona pudiera recibir. Estuve allí seis semanas con los mismos resultados, bajo la influencia de sedante casi todo el tiempo, así de día como de noche.

Después de seis semanas me trajeron nuevamente a mi

hogar sintiéndome peor que antes. El día siguiente después de haber llegado a mi hogar, el bendito Señor me envió a una de sus siervas fieles: a la Sra. Mary Long de 28 Clifton Park. Ella me dió su testimonio y oró por mí. Fue todo amor y bondad. Un día me remendó alguna de la ropa gracienta de trabajo de mi hijo, y otro día les ayudo a los niños a preparar la comida. Digo esto para la gloria de Dios, para mostrar lo que uno hace cuando el Espíritu Santo controla su vida.

El lunes 15 de noviembre de 1920, ella y otros dos queridos cristianos vinieron en un automóvil y me llevaron al Tabernáculo en la Calle Arch. En aquel lugar el Hermano Bosworth oró por mí y me ungió y recibí sanidad al instante. Bendito sea Dios. Jesús lo hizo en respuesta a la oración. Tres tuvieron que ayudarme a entrar al Tabernáculo, pero salí caminando sin la ayuda de mano humana, completamente recostada del brazo de Jesús.

Oh, El fue, y todavía es precioso para mí. La mañana del día 15, cuando fui llevada al Tabernáculo, mi esposo y mi familia creían que no viviría para ver el final de ese día. Aquella noche yo misma preparé la cena, con muy poca ayuda de parte de mis hijos. Mi sanidad ha sido el medio por el cual mi esposo y mis tres hijas han dado su corazón a Cristo. Ellos están parados hoy firmemente en la roca sólida, en Cristo Jesús, alabado sea Dios.

La semana siguiente, el día 16, tomé un carro de servicio público y fui a la reunión sin que nadie me acompañara. Jesús estaba conmigo, y todavía lo está. Al día siguiente, el 17, limpié tres cuartos completamente, cantando y alabando a Dios todo el tiempo. Después de ésto, he sido atacada varias veces y cada vez el buen Señor me ha enviado a la Hermana Long y ella ha orado por mí. Gracias a Dios, en cada ocasión he sido sanada. Verdaderamente tengo mucho por lo cual alabar a Dios.

Conocí a la Sra. Long antes de ser sanada. Sabía de su aflicción y como fue liberada. Alabo a Dios por la forma en que El la está usando para Su gloria. Añada el Señor bendición a mi testimonio.

Su hermana en el Señor Jesucristo, Sra. Sadie Robinson, Calle Brightridge No. 11, North Side, Pittsburgh, Pensilvania. 31 de diciembre de 1921.

Curada de Nerviosidad — Sufría por Años

Crafton, Pensilvania, Srta. Hazel D. Benz, Avenida 20 Cleveland. Estuvo sufriendo de los nervios por cinco años. De acuerdo a los doctores, esto ocurrió como consecuencia de problemas en la espina dorsal. No tenía control sobre los músculos de mi cabeza. Mi cara y mi boca se contraían constantemente y estaban torcidas. Mis ojos también estaban afectados, y mi cabeza se movía sin control. Consulté especialista tras especialista. Ninguno pudo ayudarme. No podían determinar cuál era la causa de la aflicción. Finalmente, oí acerca de los servicios en el Tabernáculo Sereden. Fui el 4 de noviembre. Cuando hicieron la invitación pasé al frente, oraron por mí y me ungieron. Las contracciones y el retorcimiento cesaron inmediatamente y nunca más regresaron.

En una carta escrita muchos meses más tarde, confirmando su testimonio, la Srta. Benz dice:

"Desde que fui sanada de mi grave problema nervioso, cuatro meses atrás, mi mamá, hermana, cuñado y padrasto han sido salvos. Yo misma he aumentado de peso 18 libras y media".

Venas Varicosas — Hipertensión — Hinchazón de las Extremidades — Problema Resuelto

En conmemoración del nacimiento de nuestro Señor y Salvador Jesucristo en este hermoso día de Navidad, no conozco otro tributo mejor sino dar el testimonio de mi querida madre y el mío. Espero que al darlo pueda ser usado para traer paz y gozo a algún pobre y cansado pecador, o pueda ayudar a algún enfermo para que sea sanado. Todo "para la Gloria de Dios".

Hace cerca de cinco meses atrás, mi madre, quien había sufrido de venas varicosas por más de treinta años, terrible alta presión y hinchazón de sus extremidades, lo cual degeneró en hidropesía por más de diez años; y quien, además, hacía diez semanas no había podido caminar, oyó que una de nuestras vecinas, la Sra. Robinson, había sido sanada por la "fe en Dios". Este caso fue tan maravilloso que después de averiguar supimos que una Sra. J.B. Long había llevado a esta señora a una iglesia. De esta forma encontramos donde vivía la Sra. Long y le pedimos que viniera a ver a mi madre. La Sra. Robinson y la

Sra. Long vinieron y oraron por mi madre y le explicaron las cosas maravillosas que están reservadas por todos los que creen. Más tarde, la Sra. Long y otras tres personas de la iglesia vinieron a vernos, oraron por mi madre y la ungieron. Tres días más tarde ella podía ponerse los zapatos y caminar, lo que no había podido hacer por diez largas semanas.

Mientras tanto, mamá estaba leyendo la Biblia y Dios se le estaba revelando en oración. Ella fue bendecida grandemente. El dolor y la molestia abandonaron sus extremidades, las venas varicosas comenzaron a secarse y toda la hinchazón cesó. Su salud en general, comenzó a mejorar y la alta presión comenzó a desaparecer, algo que, de acuerdo a los doctores, era imposible sin el tratamiento eléctrico. Meses atrás ellos habían recomendado que fuera recluida en un hospital.

Hoy día mi madre se encuentra más saludable que lo que estuvo en años anteriores y no ha vuelto a tener ninguna recaída. Gloria a Dios por sus bendiciones. Habiendo recibido salvación y sanidad, ella ha encontrado consuelo y alegría en la obra de Dios y en sus promesas.

Mientras tanto, la Sra. Long seguía visitándonos. Nunca estaba de prisa y siempre oraba antes de despedirse.

Cuando vi las obras maravillosas de Dios en mi madre, yo también comencé a buscar en las Escrituras y encontré que las promesas de Dios eran las mismas para mí, si yo creía. En una de las visitas de la Sra. Long, ella me contó algo de su propia vida y de la de otros. Después de decirme que era el último día de servicio en el Tabernáculo, ella me persuadió para que fuera. Bueno, fui con la Sra. Robinson y su esposo, quien también había recibido salvación y sanidad. Fue un día que nunca olvidaré por el resto de mi vida.

Después de escuchar al evangelista, al final del sermón; él hizo el llamado para los que deseaban ser salvos o recibir sanidad, o quería que oraran por ellos, pasaran al frente. Todo el tiempo mientras escuchaba, había estado orando en silencio para que Dios me dirigiera. Pasé al frente con el Hermano Robinson, y fui salvo por la sangre de Cristo.

He sufrido desórdenes nerviosos y mala salud por 15 años, he tenido tres operaciones serias y nunca tuve un día bueno. Después que oraron por mí y uno de los obreros me ungió, me fui a mi casa y, gloria a Dios, "por sus heridas" fui sanado. Desde entonces disfruto de mis comidas, no he tenido ninguna clase de molestias de mi estómago, y mis nervios han sido maravillosamente fortalecidos. Mi madre y yo somos muy felices y mientras más progresamos espiritualmente, más dulce es nuestra vida. Parece que estamos disfrutando de las cosas buenas que Dios tiene reservadas para todos los que creen en El. También quiero mencionar que en una semana he orado por cinco cosas que cualquier persona pensaría son imposibles, pero, gloria a su Santo Nombre, recibí todo lo que pedí.

Por favor, impriman este testimonio para que alguien pueda leerlo y se beneficie de nuestra experiencia y obtenga paz y felicidad como nosotros. Todos los que creen en el Señor Jesucristo serán salvos. Esta es su promesa, y bendito sea su nombre, El siempre cumple sus promesas. Nuestra Biblia es una gran fuente de felicidad ahora y mi única esperanza es que Dios me use en el progreso de su obra en cualquier forma que El escoja. Estamos agradecidos con Dios y siempre seremos sus colaboradores aquí, hasta que El nos lleve para estar con El allá. Carson A Bigley, 1321 Avenida Pensilvania, North Side, Pittsburgh, Pensilvania. 25 de diciembre de 1917.

Sanada Sencillamente por Fe

Soy miembro de la iglesia y lo he sido por cinco años. Sabía que Jesús es el Hijo de Dios y que derramó su sangre en la cruz. Pero yo no sabía, nunca había escuchado que lo había hecho para mí, que estaba perdida y que podía ser salva y estar segura de mi salvación. Estaba esperando morir para entonces saber si iría al cielo o no.

A pesar de esto, me sentía orgullosa de mi iglesia y nunca pensé ir a los servicios de otra denominación. Pero necesitaba ser sanada. Durante toda mi vida, siempre pude ver mejor de lejos que de cerca y estuve bizca de un ojo por quince años. Por once años usé lentes de mucho aumento y tenía que llevarlos al especialista para cambiarlos cada seis meses. Cuando no usaba mis lentes por algunos minutos, sufría dolores de cabeza muy fuertes, y no podía ver lo suficiente como para distinguir caras o muebles. Todo parecía nublado o borroso.

Un amigo en Pittsburgh me envió la "Tribuna" en la que se presentaban testimonios y se anunciaban las reuniones de Bosworth en Detroit. Fui al servicio en enero 11 de 1921 y recibí la salvación en el mismo sitio donde me encontraba sentada. No recuerdo el texto bíblico, o nada más de aquella noche, excepto que me sentí más liviana cuando salí que cuando entré. Esa semana el Señor comenzó a lidiar conmigo, y "he aquí las cosas viejas pasaron y todas fueron hechas nuevas".

La mañana siguiente pasé al frente para recibir sanidad. El Hermano F.F. Bosworth oró por mí y fui sanada al instante. El sostuvo la tarjeta de asistencia y pude leer todo lo que en ella estaba escrito, estaba enmudecida; por dos horas mis ojos estuvieron perfectamente derechos y mi visión era normal, pero luego volvieron al mismo estado de antes y se pusieron peor que nunca el resto de ese día y el día siguiente.

Algunos de mis familiares trataron de convencerme para que volviera a usar mis lentes, decían que me volvería completamente ciega. Pero, gracias a Dios, rehusé y confié en El. Al día siguiente mis ojos estaban perfectamente derechos y continuaron poniéndose mejor. Ahora son tan normales como los de cualquier otra persona. Olvidé mencionar que durante el tiempo que el Señor me estaba probando, solamente podía leer la Biblia, nada más. Dos semanas después de haber sido sanada, el Señor me bautizó y me llenó con el Espíritu Santo y todavía me mantiene llena.

Alabo a Dios porque incluyó a la sanidad dentro del Evangelio y porque los hermanos Bosworth vinieron a Detroit y nos hablaron acerca de ella. Desde que el Señor me sanó, nunca más he sufrido dolores de cabeza por causa de mis ojos.

No hay nadie más real para mí que mi Señor, y El está más cerca y lo amo más y más cada día. No tengo palabras para expresar lo que El ha hecho por mí. Casi siempre que doy mi testimonio, oigo de alguien que ha sido ayudado, ya sea física o espiritualmente.

Alabo a Dios porque El tiene cuidado de todas las cosas que tienen que ver con nosotros. Cuando el Señor nos dijo a la Sra. Monroe y a mí que fuéramos a San Pablo, teníamos solamente dos centavos. Cuando le dijimos al

Señor que iríamos, El nos proveyó para el pasaje. Nunca había oído acerca de confiar en el Señor en cuanto a ayuda financiera hasta que el Sr. Bosworth nos habló de sus experiencias: "La fe viene por el oír, y el oír por la Palabra de Dios".

Una mañana teníamos trece centavos. Después de un desayuno ligero, nos quedamos con un centavo. Entonces clamamos, gritando "gloria" a los portamonedas. (Nadie sabía que vivíamos por fe). En el preciso momento que hicimos esto, una carta de entrega inmediata nos llegó con dos dólares adentro. Tres días más tarde, cuando nuestro alquiler ya se había vencido, el Señor nos envió catorce dólares. Esta fue la forma como El proveyó. Cuando regresaba a mi hogar, teníamos $5.12. Le pedí el pasaje al Señor. A eso de las doce, esa noche (sábado), El me envió el pasaje y $1.85 de más.

Desde entonces he confiado en sus promesas para todo, y El nunca me ha fallado. Usen este testimonio como ustedes crean, con la dirección del Espíritu Santo y todo para la gloria de Dios. Sra. Edith I. Watt Lau, 3704 Avenue Wabash, Detroit, Michigan. (Este testimonio fue dado un año después de haber sido sanada).

Sanada de Cáncer

Hace cuatro años el cáncer comenzó en mi rostro. Al principio parecía que era solamente una verruga pequeña en mi nariz. Continué rascándola hasta que se convirtió en una llaga. Entonces era evidente que el cáncer se estaba desarrollando. Sufrí mucho durante este tiempo, pero antes de que se acabara el segundo año el dolor y la agonía eran extremas.

Tenía que mantener mi cara cubierta. Primero, por la apariencia, y luego porque necesitaba mantener paños con éter y otros anestésicos para aliviar el dolor. Gasté casi $500.oo en anestésicos durante el último año que estuve enferma. Esta era la única forma de aliviar el sufrimiento. Cuando me quitaba el paño, el dolor era tan intenso que me cegaba y no podía ver siquiera mi mano frente a mis ojos.

Fui de un doctor a otro, en Ohio, Indiana, Nueva York y Nueva Jersey; iba dondequiera que escuchaba de un buen médico, buscando mejoría. Estoy segura que consulté a más de 50 médicos. Todos ellos decían que no había esperanza y que no podían hacer nada por mí.

Mas, alabado sea Dios, en septiembre de 1920, escuché de las reuniones del hermano Bosworth, las cuales se celebraban en mi pueblo natal, Lima, Ohio. Nunca antes había escuchado el Evangelio predicado en esta forma y pasé al frente inmediatamente. Cuando se me pidió que orara, no sabía cómo y tuvieron que poner las palabras en mi boca. Pero mientras repetía, fe se apoderó de mi corazón, y comencé a sentirme muy feliz.

Me impusieron las manos para recibir sanidad y mientras lo hacían, podía sentir el poder de Dios a través de mi cuerpo, invadiendo hasta mi cara. Sentí como si me estuvieran quitando de la cara, poco a poco, una capa de goma ajustada. Cuando llegó al tope de mi cabeza, vi una luz brillante y tuve una visión de Cristo parado frente a mí. Entonces grité con ansiedad, lo que no podía hacer antes. Tan pronto me impusieron las manos, el dolor desapareció, y supe que había sido sanada. Otros me dicen que grité: "he sido salva y sana", y que tiré el paño que me cubría la cara. Estaba tan contenta que no estaba consciente de lo que estaba haciendo. Grité y grité con alegría, y me fui a mi casa gritando. Grité casi toda la noche y continué gritando cuando me levanté en la mañana.

Cuando me levanté mi hija había preparado el desayuno. Ella me miró y exclamó: ¡"Oh mamá"!. Me miré en el espejo grande del comedor. Noté que mi labio superior, parte del cual el cáncer se había comido, estaba sano. Había sido comido de tal forma que la raíz de mis dientes se podía ver. Durante la noche fue llenado con carne nueva, cubierto con piel fresca y era tan sólido y claro como lo es ahora. No había ninguna señal de cáncer, excepto por las cicatrices. Dos cortezas que habían creado las heridas todavía estaban, pero luego desaparecieron. Pero dondequiera que no había carne, había sido completamente sanado durante la noche y se había formado carne nueva.

Mi dedo pulgar derecho lo había tenido tullido por cuatro años y la parte superior de mi pie estaba rota. Fui sanada de estas dolencias al mismo tiempo que del cáncer. Desde entonces no he vuelto a sentir ningún dolor.

Cuando vi que mi labio había sido restaurado, grité

tan fuerte que la casa se llenó de vecinos a quienes les conté lo que Dios había hecho por mí.

Mis hijos pensaron que mi sanidad era una señal de que el Señor pronto me llevaría al cielo. Cuando salía a visitar a los vecinos y me quedaba más de lo esperado, ellos venían a ver si todavía estaba viva.

Por dos años no había podido comer nada excepto sopa y leche. No podía abrir mi boca lo suficiente para comer y tenía que tomar líquidos con una cuchara pequeña sostenida en mis labios. Fui sanada el viernes por la noche. El sábado en la mañana cogí un cuchillo y un tenedor y comencé a comer como lo hacía cuando no estaba enferma. Cuando los hermanos Bosworth vinieron a verme aquella mañana, cogí una cuchara grande, abrí bien mi boca y les mostré cómo podía comer ahora. Cuando ellos vinieron, yo estaba visitando mis vecinos y enseñándoles mi cara, pero ellos esperaron que regresara y se regocijaron conmigo, por mi sanidad.

El domingo fui bautizada. El sábado algo me decía: "ve a las aguas". El hermano Bosworth me explicó el significado y yo obedecí y fui bautizada.

El lunes, mi hija tenía un barril de manzanas y me senté a pelarlas cantando "sé que el Señor puso sus manos sobre mí; El sanó a los enfermos y levantó a los muertos". Pelé todo el barril sin darme cuenta que algo le había sucedido a mi mano tullida. Entonces vi que estaba perfectamente bien.

Enseguida que se regó la noticia de mi sanidad, muchos llamaron para confirmarlo. Recibí cartas de todo el mundo y en un día recibí 19. También me llamaron gentes de otros pueblos cercanos, por la misma razón. Yo les decía que le preguntaran a mis vecinos porque todos sabían y conocían mi condición.

Hace tres meses el doctor que me había atendido vino a mi casa. Me preguntó cómo me sentía. Le dije que estaba bien y alabando al Señor. El quería saber cuál era mi doctor. Le dije: el "doctor Jesús"; él preguntó, "¿cuánto hace que él está aquí?". Yo respondí: "el mismo tiempo que yo". El no sabía que yo me refería al Señor Jesucristo. Cuando entendió gritó a carcajadas y se alegró mucho.

El lunes, después de haber pelado las manzanas, fui a orar por una mujer que tenía cáncer. Ella asistió a las reuniones una o dos noches después y fue sanada. Cuando salí de su casa alabando al Señor, pasé por la planta de gas. Los hombres que estaban trabajando allí me preguntaron qué pasaba. Uno de ellos tenía que ser cristiano porque cuando les dije, comenzó a gritar.

Desde que fui sanada hace un año, no he tenido ningún síntoma de cáncer o dolor en mi mano o en mi pie. Un mes antes de venir a Toledo, una gran cantidad de carbón de piedra me cayó en el pie. Estaba malamente golpeada. Tres o cuatro días antes de venir aquí, un pedazo de hueso como de una pulgada de largo se salió del pie. Después de venir a Toledo, oraron por mí y el pie se sanó. No me ha dolido desde entonces.

Desde que fui salva, he sido llamada muchas veces para orar por los enfermos. Uno de los casos fue Billy Jones, quien ha estado en cama por muchos meses. Estaba paralizado y tenía llagas en su espalda y en su cara. Oré por él y le dije a sus padres que él volvería a caminar en nueve días. Les dije esto porque me pareció escuchar una voz con este mensaje. Nueve días más tarde Billy caminó hasta mi casa, dos cuadras de distancia.

Un día en el invierno pasado, no tenía carbón; sabía que el Señor ha prometido cuidarme y por eso oré; cuando bajaba las escaleras encontré un bulto de carbón que llenó una fanega cuando lo sacamos. Nunca supe quien lo envió. Cuando oro por algo que necesito, estoy segura que lo voy a recibir. Es como si tuviera una vecina amiga que me lo ha dado. No siempre lo recibo enseguida, pero tarde que temprano llega.

Precisamente antes de venir a Toledo en esta visita, le dije al Señor: "me gustaría ir a las reuniones del Sr. Bosworth una vez más"; enseguida El proveyó el dinero para ir a Toledo. Sabía que iba a un lugar desconocido para mí, por eso oré diciendo: "Señor, sé que tú vas a tener cuidado de mí"; sin ningún esfuerzo de mi parte, El proveyó un lugar hermoso para mi estadía.

Cuando tenía cáncer me vi obligada a vender mi ropa para comprar éter, medicamentos, y otras necesidades. Por eso cuando fui sanada, estaba muy pobre. Pero el Señor ha provisto desde entonces. Nunca he carecido de nada.

El primero de abril pasado, estuvimos expuestos a contagiarnos de viruela; las autoridades nos pusieron en cuarentena y no proveyeron nada para nosotros. Oré y un día cuando no teníamos nada, un hombre se paró en la puerta con una canasta llena de cosas. Mi hija y yo estuvimos muy graves por esta enfermedad, pero no tuvimos ningún otro doctor, excepto Jesús. Salimos bien de la enfermedad y sin cicatrices.

¡Después de casi tres años de sufrimiento, haber sido liberada instantáneamente, ha sido demasiado bueno como para haber sido realidad!

La Srta. Lida Clark Confirma el Testimonio de Sanidad de Cáncer de la Sra. Alice Baker

Estaba presente cuando la Sra. Baker fue sanada de cáncer. Después que la ungieron y oraron por ella, le dijo a alguien: "quítame el paño"; la otra persona se lo quitó de la cara y la Sra. Baker lo cogió y lo tiró. Parecía que estaba llena del Espíritu Santo. Ella gritó: "he sido salva y sana"; mientras saltaba y se ponía en pie, de gozo. La audiencia no creía que ella había sido sanada, ni yo tampoco. Su cara era horrible. Era una masa de sangre, pus y llagas. Pero después ella dijo que el dolor había cesado y que estaba segura en su corazón de que había sido sanada.

El olor del cáncer era tan desagradable, que el obrero que llenó su tarjeta estuvo enfermo esa noche y el día siguiente. Pero el olor había desaparecido, la noche siguiente; yo me senté a su lado y sabía que ésta era la persona. El cáncer, los hoyos en sus labios, y todas las llagas habían desaparecido. Ella había sido sanada, era algo que no se podía negar.

Después de la sanidad, vi a un médico que la había tratado durante su enfermedad. Cuando le dije que ella había sido sanada, me pidió que le dijera lo que había visto. Le dije que la había visto venir con el paño en la cara, que estaba presente cuando oraron por ella, y que la había oído decir que estaba sana mientras se quitaba el paño de la cara. También le dije que la vi caminar por la calle sin el paño.

El dijo que eso era imposible; que ella no habría podido caminar sin el paño en la cara, porque el dolor hubiera sido tan intenso que la hubiera cegado y no hubiera podido volver por sí sola al salón. El me dijo: "Muchacha, te hipnotizaron, eso no puede ser".

Lo volví a ver nuevamente después que él vió a la Sra. Baker. Me dijo que ciertamente esto era algo maravilloso lo que le había pasado a ella. El reconoció que lo era. Srta. Lida Clark, 682 1/2 Calle Main Sur, Lima, Ohio.

El Monstruo de Cáncer Sanado

Chicago, Illinois, Sra. R. Jerolaman de la Avenida Eberhart No. 7111. Visité a la Sra. Trina Odegard, 224 Avenida Hoy, Woodstock, Illinois, en mayo de 1921, y me sorprendí al ver la condición en que se encontraba: más muerta que viva. Sabíamos que ella sufría de úlceras en el estómago por más de 25 años, y creíamos que tenía cáncer. Su comida consistía en la mitad de una rebanada de pan. Cuando yo insistí para que comiera más, ella respondió que si lo hacía el dolor la mataría. También le era difícil caminar.

Después que me fui, ella consultó tres médicos en Woodstock y se mandó a sacar algunas radiografías, las cuales demostraron que estaba muy enferma de cáncer. El cáncer estaba tan avanzado que los médicos ni siquiera sugirieron ninguna operación. El diagnóstico de ellos era que ella no tenía remedio y le dieron dos semanas de vida. Después de esto, ella decidió consultar a un especialista aquí en Chicago, el cual le dijo lo mismo. Fue durante esta visita en julio de 1921, que ella oyó hablar de la carpa donde se celebraban las reuniones de Bosworth en las Avenidas Cicero y Norte. La llevaron allá enseguida y después de orar por ella, fue sanada al instante. Ella dijo que el poder de Dios corrió a través de su cuerpo desde la cabeza hasta los pies durante la oración.

Su úlcera, dolor y sufrimiento acabaron instantáneamente. El cáncer fue eliminado por el poder de Dios. Ella tenía tanta hambre antes de dejar la carpa, que casi no podía esperar para llegar a un lugar donde pudiera conseguir algo para comer. Cuando nos visitó al día siguiente, se comió la comida más suculenta que jamás la había visto comer por muchos años, sin ningún efecto contrario.

Han pasado seis meses después de haber sido sanada, y cuando la llamé la otra noche, seguía muy bien. Ha ganado peso y tiene hambre todo el tiempo. La gente en Woodstock está asombrada porque no esperaban que ella iba a regresar viva, después de su viaje a Chicago.

Fue a través de su maravillosa sanidad que mi madre y yo fuimos salvadas. Queríamos servir a un Dios que era tan amoroso y le dimos nuestros corazones allí mismo. Cada día me siento más feliz después de haberme convertido.

Pero estas no son todas las bendiciones que hemos recibido, he estado adolorida y bajo atención médica por casi cuatro años; estaba tan nerviosa que algunas veces casi me ponía histérica. Tenía una anemia terrible y problemas internos, por lo cual había sido operada hacía dos años y medio. Después de ésto, estaba peor que nunca, sin poder aumentar de peso y sin fuerzas, no importaba lo que hiciera. Tomé un tónico para los nervios, para la sangre y también inyecciones de suero. Nada parecía ayudarme. Me estaba aburriendo de la vida y decidí suspender los tratamientos.

Le doy gracias a Dios porque me dirigió a las reuniones en la carpa. Yo sé que El quería salvarme y sanarme. No había sido salva antes de ser sanada y mi sanidad vino enseguida que me entregué a Jesús. He aumentado de peso, estoy más fuerte que nunca, y ya no me siento nerviosa. También le doy gracias a Dios por la perfecta salud y gozo que tengo en mi corazón, y por la vida con Jesús, que es todo gozo y felicidad.

Mi madre también experimentó una hermosa sanidad. Un doctor me había dicho que si no ponía a mi madre bajo atención médica inmediatamente, no iba a estar conmigo por mucho tiempo. Me dijo que ella tenía que ser operada enseguida porque tenía problemas de apendicitis y en la vesícula. Los dolores eran tan fuertes que no podía dormir. Ella había tenido una operación hacía siete años y desde entonces no se sentía bien. También había sufrido una hernia abdominal después de regresar del hospital y le parecía horroroso pasar por otra operación. Después que oraron por ella, sintió el poder de Dios a través de su cuerpo y lloró de gozo. Los dolores la abandonaron completamente y alabado sea el Señor, se ha ido sanando de la hernia.

El Testimonio de la Sra. Killick

Había sufrido de cáncer en la pierna por años. El dolor me hacía arrancarme los cabellos y era demasiado intenso como para describirlo. Los doctores me operaron pero no hubo alivio; dos años después de la operación no me podía amarrar los cordones de mi zapato, debido a la hinchazón; no podía caminar bien, arrodillarme, hacer mi trabajo, o salir a la calle. El cáncer fue diagnosticado como cáncer negro. Estuve confinada a mi cama continuamente por cuatro meses.

Tan pronto me ungieron y oraron por mí, el dolor me dejó casi al instante, y la hinchazón desapareció rápidamente. Ahora el cáncer ha desaparecido completamente y sólo quedan algunas cicatrices que muestran el lugar donde estaba el monstruo negro, con su raíz horrible. La carne se ve pura y limpia y mi salud es perfecta.

Después que fui sanada, me presenté al médico. El sencillamente se echó a reir y dijo: "Bueno, me alegro de verlo, Sra. Killick, pero le apuesto diez dólares que volverá en seis meses". Han pasado casi dos años y mi condición es como la describí antes.

Sra. Killick, Calle 45, Ferrier, Toronto.

La Sanidad de la Srta. Nix

En octubre de 1921, fui sanada por el poder de Dios de cáncer, diabetis, corazón dilatado, la espina dorsal torcida, parálisis casi total de las caderas a los pies, nerviosidad extrema y ceguera casi total. Había sufrido de cáncer por año y medio, y de todo lo demás por siete años. Caminaba con muletas y cuando salía a la calle lo hacía en una silla de ruedas. Algunas semanas atrás, el doctor que me trataba dijo que yo era una de las personas más enfermas que él había conocido.

Cerca del día 12 de octubre me puse muy enferma y llamé al doctor. Me dijo que tenía como diez días para vivir y nada más. El 15 de octubre, un hombre de baja estatura que me traía el periódico vino a la puerta y preguntó cómo me sentía. El quería verme y se lo permitieron, sugiriéndole que tal vez yo no lo reconocería. Antes de salir, yo ya sabía quien era, pero no podía hablar.

El me dijo: "la Sra. Killick, quien ha sido sanada de un cáncer terrible, viene para acá. ¿Le gustaría verla?" Asentí con mi cabeza. Ella vino a verme y me dijo que Dios quería sanarme. Me leyó la Biblia y oró, pero no recuerdo ahora lo que dijo. Cantó un himno y eso sí lo recuerdo. Decía así, más o menos, *(traducción libre: M. García):*

Si el mundo entero fuera mío
Pequeño aún le había de hallar
Pues ese amor de Dios tan grande
Pide mi alma, vida y ser total.

Se fue diciendo que volvería aquella noche. Me quedé en la cama pensando y cuando mi amiga que me estaba cuidando vino, le dije: "Si el Señor sanó a esa mujer, El me va a sanar a mí".

Le pregunté al Señor qué quería El que yo hiciera y le escuché decir claramente: "ponte las medias y los zapatos". Mi amiga me dijo: "querida, tú no te puedes levantar", pero me trajo los zapatos y las medias. Ella levantó mi pie y no sentí nada diferente. Pero enseguida que la media tocó mi pie, sentí que el poder de Dios tocó mi cuerpo. Comenzó en mis pies exactamente donde estaba obedeciendo el mandato, y se regó por todo mi cuerpo. Me paré en mis pies, algo que no había podido hacer sola por cuatro años. Entonces pedí que me trajeran mi ropa y me vestí sin ayuda. Caminé al dormitorio y me arreglé el cabello. Mi amiga me preguntó: "¿qué vas a hacer ahora?". Le dije que le iba a ayudar a preparar la cena. Me preguntó, qué iba a comer y le dije que lo mismo que ella. Anteriormente solamente comía huevos y jugo de naranja, pero aquel día comí lo mismo que ella.

Me fui a la cama a las nueve y dormí hasta las seis de la mañana. No podía quedarme en la cama. Me levanté, tomé mi desayuno, lavé los platos, y le pregunté al Señor qué quería El que yo hiciera para glorificarlo. Le oí decir: "encera el piso". El tentador me dijo: "tú no puedes hacer eso, no has estado sobre tus rodillas por años". Enceré el piso de una esquina a la otra y la Sra. Killick lo vio terminado cuando vino a verme aquella tarde. Me dijo: "voy a dar mi testimonio en el pequeño salón del Ejército de Salvación. ¿Quieres dar el tuyo?".

Ella ofreció conseguir un automóvil para llevarme, pero yo no acepté y caminé todo el trayecto. Cuando llegué allí, el poder de Dios se apoderó de mí de tal forma que no pude hablar y permanecí allí sólo por algunos momentos.

Desde aquella hora hasta el día de hoy, Dios me ha dado fortaleza y ha guiado mis pasos. El verano pasado estuve a cargo de una de las casas de verano más grandes que tiene la Iglesia Anglicana y con frecuencia trabajé desde la seis de la mañana hasta las dos o tres de la mañana del día siguiente. Me he sentido perfectamente bien después de haber sido sanada, excepto por un ataque de pulmonía del cual el Señor me liberó sin la ayuda de medicinas o doctores. *Mi testimonio ha sido un medio de bendición para muchos, y algunas de las jóvenes que asisten a nuestra pequeña misión, la cual abrí dirigida por fe, han sido salvadas y sanadas a través de este testimonio.*

¿Se sorprende de que ame al Señor? El me ha bendecido tanto espiritual como materialmente y me considero la mujer más feliz de la tierra. *El ha hecho algo mejor que haberme sanado, y es que El me ha usado poderosamente para decirle a otros lo que El ha hecho por mí, y muchos han sido maravillosamente sanados.*

Srta. R. Nix, 412 Calle Dundas, E., Toronto.

Veinte Familiares se Convierten
Después de una Sanidad Milagrosa

He estado sufriendo de problemas con mi estómago por muchos años (cerca de 30 años). Hace veinte años tuve la primera operación de un tumor. Llegué al punto que no podía retener nada en el estómago y no podía ni pensar en siquiera comer frutas. He tenido tres operaciones después de la primera. Llegué a tener 14 diferentes doctores atendiéndome. Mi condición empeoró hasta el punto que no podía tomar más medicinas debido al estado de mi estómago. Mi estómago estaba arruinado. En junio pasado descubrí que tenía una papera interna. Mi condición empeoró. Finalmente, descubrí que tenía cáncer. Me fui al Tabernáculo de la Gente en Belén, Pensilvania. Me ungieron y oraron por mí. En su compasión, Dios tocó mi cuerpo, alabado sea Su Nombre. Lloré de alegría. Nunca había amado tanto al Señor. Hasta entonces, no me había dado cuenta de que el me amaba tanto. Ahora las cosas son diferentes. Me doy cuenta de que El sólo estaba esperando venir y sanarme. He sido sanada de todas mi enfermedades. ¡Alabado sea su Nombre!

Lo que es todavía mejor, es que traje a mi esposo, a mi madre, a mis hijos, mis hermanas y hermanos, mi cuñada, mis sobrinas y un sobrino, veinte por todos, y todos se convirtieron: "Serás salvo tú y tu casa". Sra de Edward A. Bander, F.R.D. No. 3, Easton, Pensilvania.

Sanada de Nefritis y Otras Enfermedades

Mientras le escuchaba predicar el Evangelio completo en San Petersburg, Florida en el pasado mes de enero, recibí bendiciones espirituales y físicas desconocidas para mí. Fue una revelación tan grande, saber que Dios está tan dispuesto a sanar, que espero y oro que pueda ser usada para decírselo a otros.

Después de haberme atendido por cinco años del mal de Bright, nefritis o inflamación de los riñones, alta presión (240 y más), sinusitis y otras muchas enfermedades menores, me informaron que tenía tres meses de vida.

Visité un sinnúmero de doctores de muy buena reputación en los Estados Unidos y Canadá (los Hermanos Mayo y John Hopkins), quiroprácticos y osteólogos, y creo que todo lo que la ayuda humana podía hacer, se hizo.

Pero, gracias a Dios, El me sanó físicamente y me siento como una persona nueva. Ataques que sufría tres veces a la semana no me han vuelto a ocurrir. La presión de mi sangre ha bajado y el doctor me dijo que mi corazón estaba normal. Y también pude deshacerme de mis lentes los cuales había usado por muchos años. Lela Beach, Cornwall, Ontario, Canadá.

Enfermera Sanada de Venas Varicosas

En los últimos cuatro años estuve sufriendo de venas varicosas. No podía pararme ni siquiera por algunos minutos sin tener que, constantemente, cambiar el peso de mi cuerpo de un pie a otro. Por tres ocasiones diferentes en un período de cuatro meses, me vi forzada a no usar mis pies en absoluto.

Mis piernas estaban tan hinchadas e inflamadas que no podía cubrirlas, aun durante el invierno; dormía con las ventanas abiertas y mis piernas expuestas al aire frío, no importando a qué temperatura se encontraba la habitación.

Hace algunos días asistí al Tabernáculo. Después de recibir instrucciones y enseñanza acerca de la sanidad divina, me ungieron y oraron por mí. Estoy completamente libre de todo dolor en mi cuerpo, y puedo trabajar todos los días sin ningún malestar. Los nudos y las protuberancias en mis piernas eran del tamaño de un huevo de gallina, pero han desaparecido completamente. ¡Alabado sea el Señor!

También quiero dar gracias a Dios por la sanidad de mi hijita de diez años. Ella había sufrido de bronquitis crónica toda su vida. Continuamente bajo el cuidado de doctores, pero siempre tociendo de día y de noche. Desde que la ungieron y oraron por ella, ha recibido completa liberación, por lo cual alabamos Su querido Nombre.

Me alegraría si este testimonio fuera publicado para Su·gloria y la bendición de otros. Beth P. Evans, Avenida Ackley, No. 2, Johnson City, N.Y.

¡El Señor No Pudo Esperar!
Deseoso de Bendecir a Sus Hijos

En diciembre de 1914, estaba descargando carros de carbón y de alguna forma me torcí la espalda. Cuando me dirigía a mi casa, tuvieron que cargarme porque el dolor eran tan intenso que no podía caminar.

No pude caminar por tres meses, y por tres años no pude dormir en una cama. Tenía que dormir en el piso porque no podía soportar nada que no fuera perfectamente plano. Mi lado izquierdo estaba paralizado y estaba tan entumecido que casi no podía caminar.

Cuando oí que los Hermanos Bosworth venían, y leí de su gran fe en el Señor para sanar, sentí que mi tiempo para ser sanado había llegado. Conseguí una tarjeta de sanidad, pero cuando pasé al frente y encontré que no podían orar por mí hasta que no enumeraran mi tarjeta, me sentí como el hombre del cual leemos en la Biblia, que cada vez que venía al estanque cuando las aguas eran removidas, era siempre muy tarde y alguien se había metido primero que él.

Estaba parado al frente de la plataforma y me sentía muy contrariado. Cuando ya me iba a regresar a mi asiento, el Señor me habló diciendo: "si tú estás dispuesto, yo te voy a sanar". Respondí: "Señor, estoy dispuesto". Alabado el Señor, El enderezó mi espalda y sanó mi lado paralizado. Ahora puedo ir a la cama y dormir como un bebé.

Alabado el Señor, que el Señor sane a todos los que vienen a El, es mi oración. Harvey B. Whitecotton, No. 1502 Calle San Bates, Indianapolis, Indiana.

Tullido y Deforme por Parálisis Infantil; Sanado al Instante

Quiero que se lo diga a todo el mundo y que lo lea en sus reuniones, para que todos sepan lo que Dios ha hecho por mí.

Cuando tenía un año de edad me enfermé de parálisis infantil. Tenía que caminar en la punta de los dedos de los pies y mi talón daba al tope de mi zapato. Mi pie también estaba torcido hacia afuera. El miércoles pasado, 17 de febrero, nuestra querida vecina, la Sra. Howell, me llamó y me pidió que fuera con ella a las reuniones de Bosworth. Ella me dijo que sería sanado si era un buen niño y no hacía cosas malas. Le pedí permiso a mi tía, la cual es muy anciana y tiene a cargo el cuidado de la casa para mi papá, desde que mi mamá murió con el "Flú". Ella me dijo que podía ir; fui tres noches con la Sra. Howell; el viernes, 19 de febrero, me ungieron y oraron por mí. Había estado en mi asiento por algunos minutos cuando mi talón bajó y mi pie se fue en la dirección del otro. Sentí como si alguien hubiera tomado mi talón halándolo hacia abajo y luego en dirección del otro pie. Ahora puedo pararme completamente sobre mi pie y puedo poner mis pies juntos como cualquiera de mis hermanos. Hoy, tres días después de haber sido sanado, estoy aprendiendo a patinar. Soy el niño más feliz de Easton. Tengo 13 años de edad. Quiero decirle a otros niños tullidos, lo que el Señor ha hecho conmigo. Siempre le daré gracias y oraré todos los días y le pediré que ayude a otros niñitos.   John Jr. Snyder, 600 S. Calle 23, Easton, Pensilvania.

Mujer Muda Sanada Instantáneamente

Hace más de tres años, debido a una enfermedad, perdí la facultad de hablar completamente. Me habían visto muchos médicos y todos me dijeron que nunca más recobraría mi voz. Algunos me dijeron que mis órganos vocales estaban paralizados. Durante todo este tiempo no había podido emitir ningún sonido audible.

También había sufrido grandemente de reumatismo y cálculos en los riñones. Mis amigos trataron de hacerme creer que no me haría ningún bien ir a Belén para ser ungida para recibir sanidad. Pero de todas maneras vine y fui ungida y oraron por mí el 2 de febrero y recibí sanidad al instante. Cuando caminé de la plataforma a mi asiento, mi voz estaba completamente restablecida. Después de tres años de silencio total, podía hablar normalmente, y siempre lo he hecho desde entonces, ¡alabado sea el Señor!

Mi pastor, quien no creía que podía ser sanada, estaba muy sorprendido al ver que podía hablar cuando nos encontramos en la calle. Me dijo: "He sido un 'Tomás dudoso" pero ahora me veo obligado a creer".

El pastor de la Iglesia Bautista en Bangos me pidió que fuera a su iglesia el domingo y así lo hice. Después que le dijo a la congregación acerca del milagro, me hizo poner de pie y mostrarles que podía hablar.

Mujer Sanada Instantáneamente de Doble Cáncer, Como Respuesta a la Oración

Hace quince años, mi salud se arruinó y me vi obligada a dejar mi trabajo. Mi cuerpo parecía estar lleno de alguna clase de veneno que confundía a los médicos. Por doce años sufrí de una terrible agonía sin ninguna esperanza de volver a recobrar mi salud. Hace tres años y medio me puse tan mal que el doctor tuvo que atenderme constantemente por cuatro años, y cada vez me ponía peor. Más tarde me dijeron que tenía un cáncer en la boca del intestino grueso, unido al bazo. Estaba encorvada y gritaba con agonía y dolor, rogando que sostuvieran mi brazo fuertemente porque sentía como si lo estuvieran halando para sacarlo de su sitio. Más tarde el cáncer llegó hasta mi boca, pasando de la garganta a la región debajo de la lengua hasta que era tan grueso como otra lengua, esparciendo sus raíces hasta enredarlas en la membrana debajo de mi lengua. Un médico de Filadelfia, después de tratarme por un tiempo, insistió para que fuera al Hospital de Filadelfia a ver si ellos podían usar radio. Después que muchos profesores de aquel lugar me examinaron, decidieron que no podían hacer nada por mí porque el cáncer que tenía en la boca estaba unido a una arteria. Regresé a mi casa a morir. Era un caso sin esperanza. Ellos no pudieron hacer nada. Comencé a orar a Dios para que tuviera misericordia y lloraba sola en mi habitación. Hablaba con el Dios Todopoderoso en el nombre de Jesús hasta que El quitó todo el temor que había en mí. Estaba dispuesta a sufrir hasta que El me llamara. Llegué al punto que estaba tomando hasta

18 dosis de medicina al día; nueve dosis de asafetida para calmar mis nervios y mi estómago y para no vomitar porque tenía dolores de cabeza tan violentos que vomitaba mucho. Sufrí de esta forma por dos años, pero gracias a Dios por mis amigos cristianos que me persuadieron para que fuera a las reuniones de Bosworth, que se estaban celebrando en Filadelfia. Oré hasta que el Señor me indicó que fuera. Doy gracias a Dios que obedecí. Oí el Evangelio predicado con poder en aquel lugar. Fui al salón de información tres veces y escuché las instrucciones. Entonces conseguí el libro del Evangelista, "Cristo el Sanador", estudié las referencias y encontré que la sanidad era para mí.

El lunes por la noche, 14 de junio, pasé a la plataforma y fui ungida para sanidad. Alabado sea Dios, El me encontró allí mismo y fui sanada al instante. Cuando estaban orando por mí, sentí como un golpe de electricidad a través de mi cuerpo; parecía como si alguien hubiera agarrado el cáncer debajo de mi lengua y lo estuviera sacando de mi boca. Fui sanada allí mismo, del terrible cáncer en las dos partes; no he vuelto a tomar medicinas desde entonces y estoy comiendo todo lo que quiero sin sentir dolor alguno. Le doy gracias a Dios que el grupo Bosworth vino a Filadelfia. Dios bendiga a cada uno de ellos. Espero que esto ayude a cualquier otro enfermo para que encuentre la gloriosa liberación que yo he conseguido. Sra. B. Edwards, No. 4120 Avenida Westfield, Camden, Nueva Jersey.

Posiblemente, ni siquiera uno de cada diez de aquellos que han sido sanados nos han enviado sus testimonios. Sin embargo, miles de testimonios se han recibido de aquellos que han sido sanados desde que los testimonios publicados en este capítulo fueron recibidos. Durante los pocos años pasados, miles de nuestros radioyentes que nunca hemos visto, después de leer nuestra literatura de sanidad, nos han escrito pidiéndonos que oremos por su sanidad. Le hemos presentado estas peticiones en oración a Dios, una a la vez, y todavía continuamos recibiendo un flujo constante de testimonios maravillosos de aquellos sanados de diferentes aflicciones de las cuales no sabemos. Muchos han sido sanados a través de su propia fe la cual recibieron leyendo ediciones anteriores a este libro. Tanto como 72 sordos y mudos de nacimiento, después de leer este libro, han sido sanados después de haber orado por ellos en una sola reunión. Otra vez decimos, que a Dios sea toda la gloria.

Querido lector, ¿por qué no obtienes otra copia de este libro y lo prestas a tus amigos enfermos? De esta forma puedes salvarlos de una muerte prematura y traerlos a una vida de servicio a Dios. Lo que se ha llevado a cabo de esta manera es una historia hermosa.